collana didattica di musiche a cura di

Celestino Dionisi

Dedicato al Flauto Dolce

Il libro delle mani

ISBN I 978-88-91132-95-6

Youcanprint Self-Publishing
Via Roma, 73 - 73039 Tricase (LE) - Italy
www.youcanprint.it
info@youcanprint.it
Facebook: facebook.com/youcanprint.it
Twitter: twitter.com/youcanprintit

Baroque Personal Trainer http://studioemc.it/
baroquetrainer/baroquetrainer@studioemc.it

Per vedere i video relativi a questo e ad altri volumi della collana:
To view videos on this and other books in the series:
You Tube http://www.youtube.com/user/BaroqueTrainer

In questo libro vorrei parlare della posizione delle mani e dei movimenti delle dita.

I problemi delle mani sono legati essenzialmente all'uso del mignolo e dei mezzi fori, per la mano destra; all'uso del pollice per la mano sinistra.

In this book I would focus on the position of the hands, and on fingers' movements.

Problems with the hands are mainly due to the use of the little finger and of the half-holes, for the right hand; and of the thumb, for the left hand.

LA MANO DESTRA

THE RIGHT HAND

La posizione delle mani è strettamente legata al movimento delle dita per coprire i fori. Le dita devono muoversi perpendicolarmente ai fori per non compiere un percorso che influenzerebbe negativamente la velocità delle dita.

Affinché vi sia un movimento corretto la mano deve essere messa "a becco d'oca"

Hands' position is strictly correlated to the fingers' movements of hole-covering. Fingers should always move perpendicularly to the holes, so as not to negatively influence their speed with unnecessary movements.

In order to perform the right movement the hand should be kept in a "goose's beak"-like position,

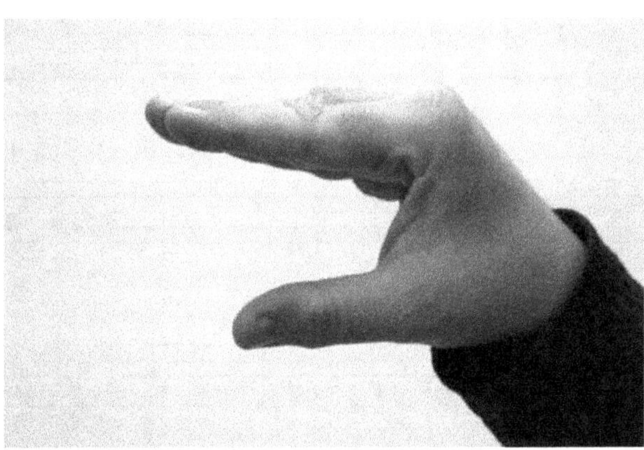

Questa posizione, infatti, non solo crea un movimento perpendicolare al foro, che ci permetterà dei movimenti essenziali delle dita, ma anche di sfruttare il peso delle dita nell'andare a coprire i fori.

thus allowing the required hole-perpendicular movements, and the use of the same fingers' weight to cover the holes.

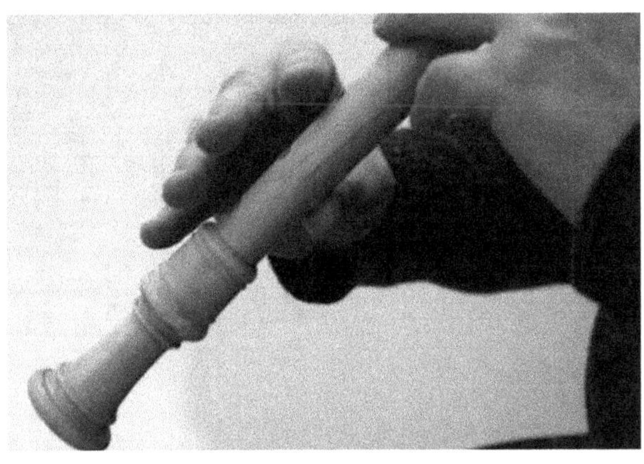

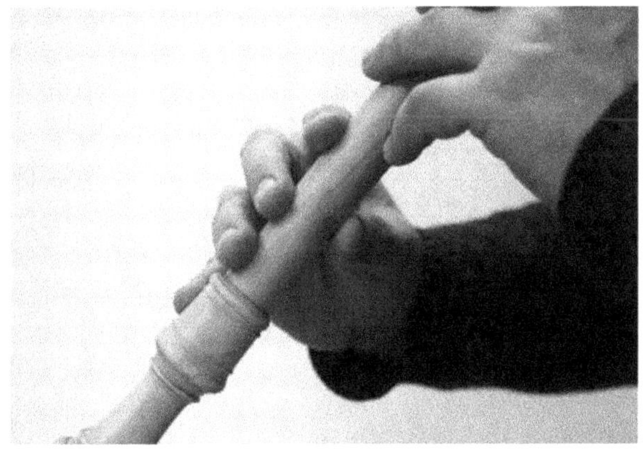

Bpt - 001

Sarà opportuno fare i seguenti esercizi, badando che le dita si alzino tutte contemporaneamente e si posizionino alla stessa altezza dai fori.

Practicing with the following exercises will be necessary, taking care to lift fingers all together and to place them at the same distance from the holes.

Es. 1

N.B. Questi esercizi vanno eseguiti legati ed articolati. *These exercises should be performed "legato" and "portato"*

Es. 2

Es. 3
4/4
Es. 4
4/4
Es. 5
4/4

Gli stessi esercizi in ottavi - *The same exercises in eighths*

Es. 1

N.B. Questi esercizi vanno eseguiti legati ed articolati. *These exercises should be performed "legato" and "portato"*

Es. 2

Es. 3

Es. 4

Es. 5

Gli stessi esercizi in sedicesimi - *The same exercises in sixteenths*

Es. 1

N.B. Questi esercizi vanno eseguiti legati ed articolati. *These exercises should be performed "legato" and "portato"*

Es. 2

Es. 3

Es. 4

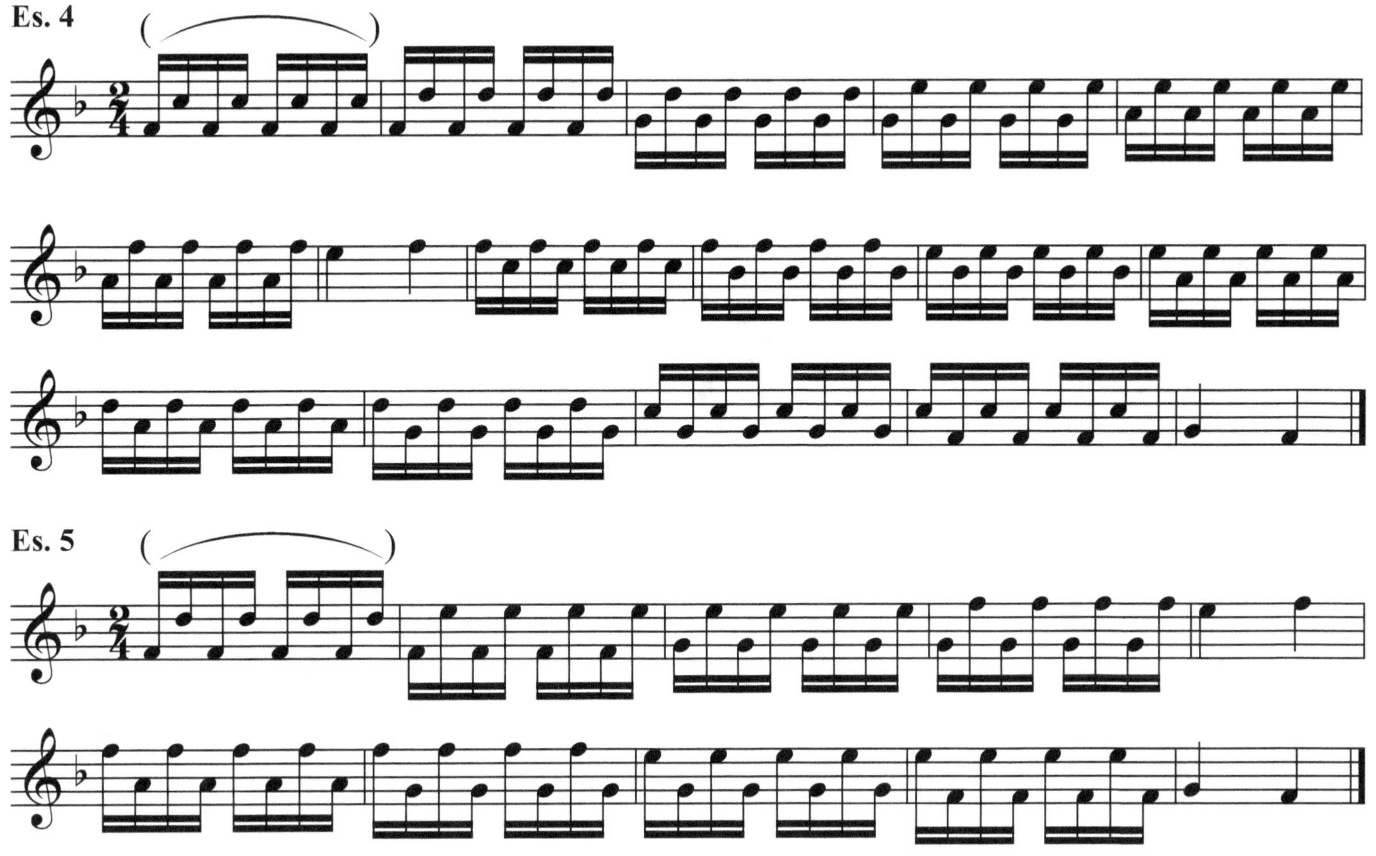

Es. 5

Parliamo ora dei mezzi fori.

Lets now consider half-holes

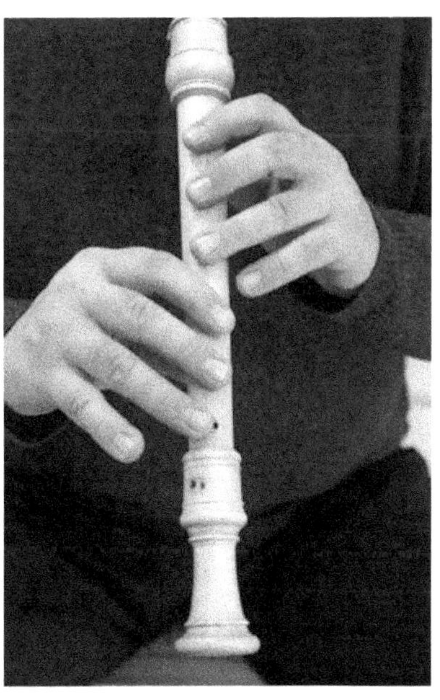

La posizione a becco d'oca ci permetterà un movimento corretto facendo scivolare il dito e la mano verso l'alto.

The goose's beak position allows the correct movement, letting both hands and fingers slide upwards.

Sarà bene ora fare degli esercizi preparatori:

It is now time to carry out a few exercises

Prima misura - *First measure*

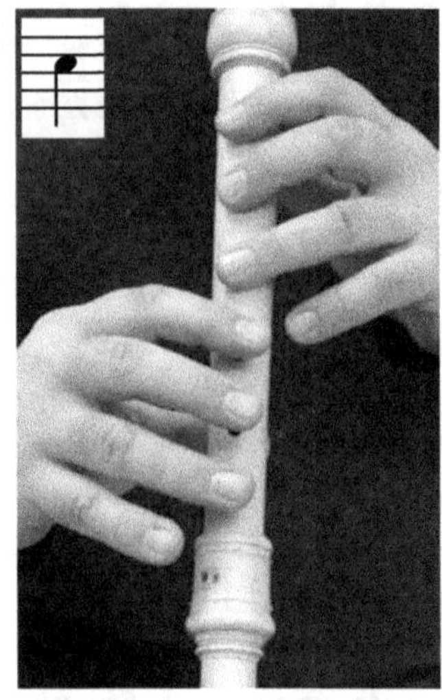

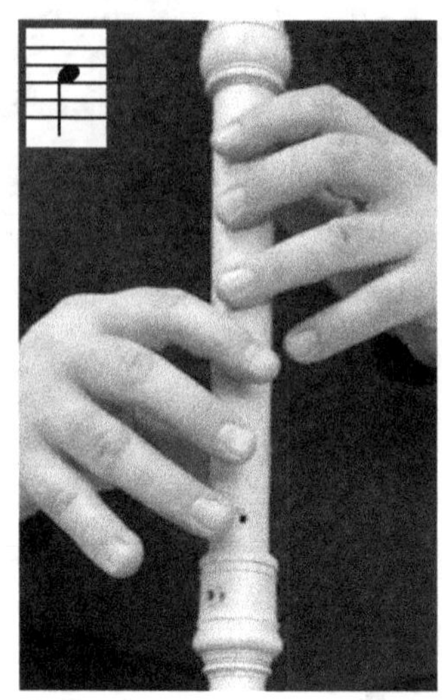

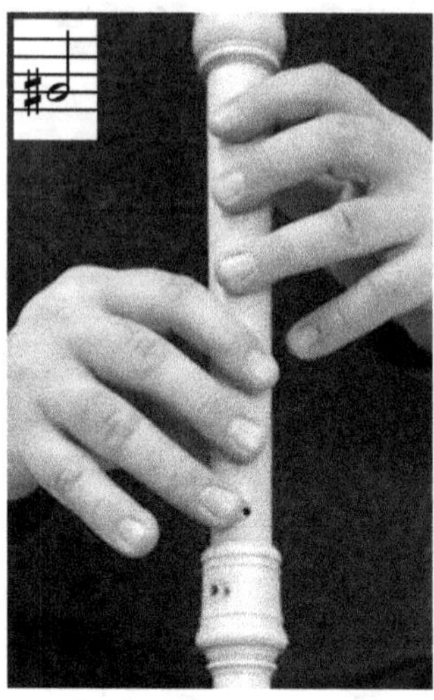

Suonare il primo Do con la mano alzata nella sua corretta posizione
Play the first C with the hand in the upright position

Suonare il secondo Do mentre la mano si mette in posizione per coprire il mezzo foro
Play the second C while taking on the half-hole-covering position

Suonare il Sol diesis coprendo il mezzo foro.
Play the #G covering the hal hole

Seconda misura - *Second measure*

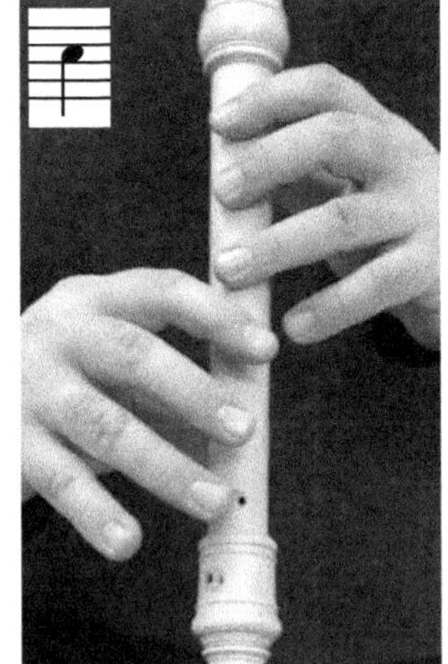

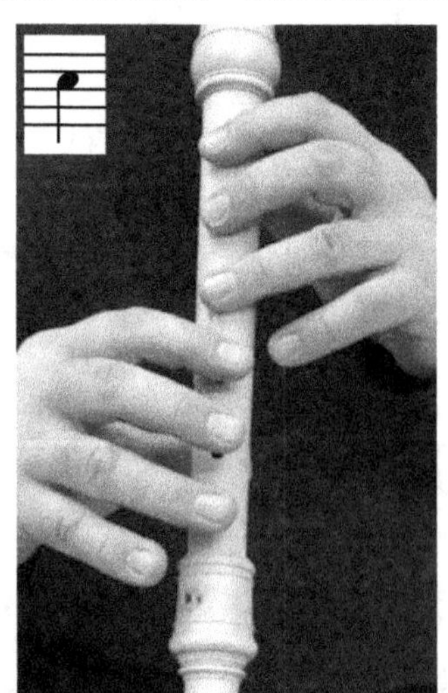

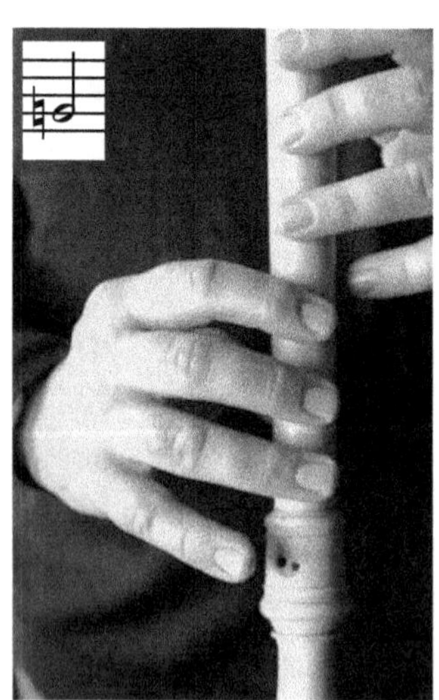

Suonare il primo Do con la mano alzata in posizione ruotata
Play the first C with the hand lifted in its rotated position

Suonare il secondo Do preparando la posizione del Sol naturale
Play the second C while taking on the hole-covering position

Suonare il Sol coprendo l'intero foro
Play the G covering the whole hole

Es. b

Prima misura - *First measure*

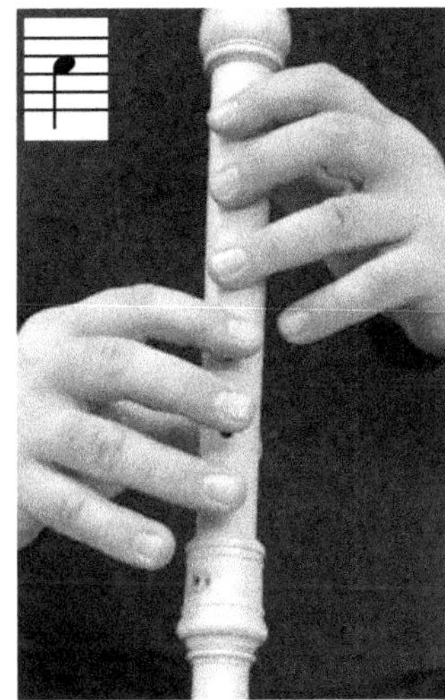

Suonare il primo Do con la mano alzata nella sua corretta posizione
Play the first C with the hand in the upright position

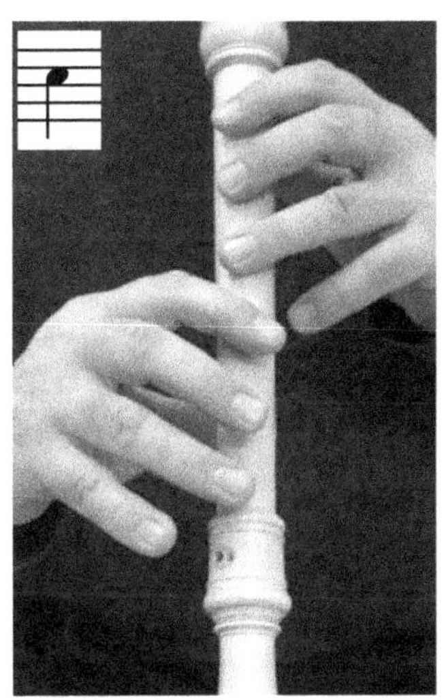

Suonare il secondo Do mentre la mano si mette in posizione per coprire il mezzo foro
Play the second C while taking on the half-hole-covering position

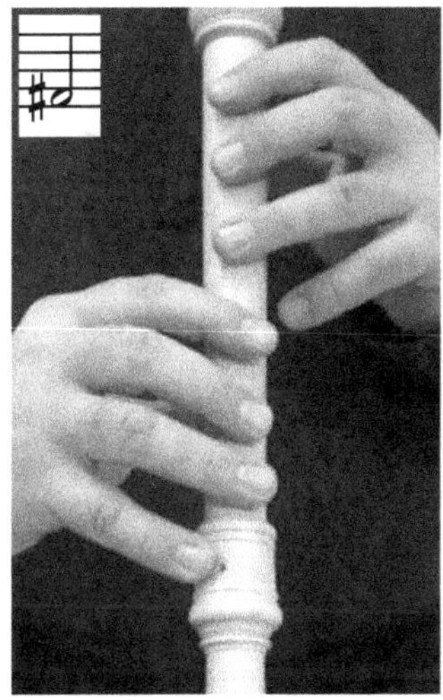

Suonare il Fa diesis coprendo il mezzo foro.
Play the #F covering the hal hole

Seconda misura - *Second measure*

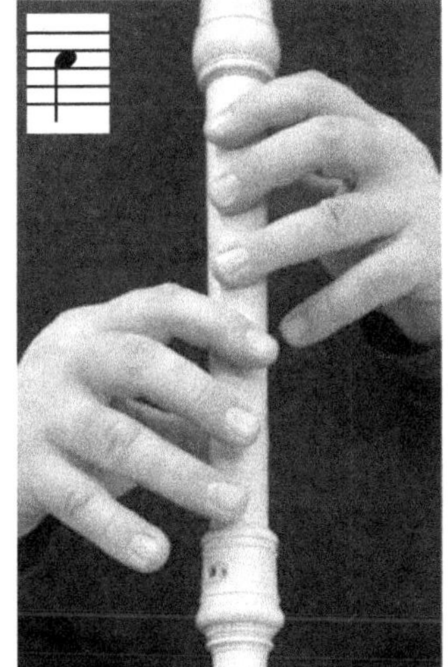

Suonare il primo Do con la mano alzata in posizione ruotata
Play the first C with the hand lifted in its rotated position

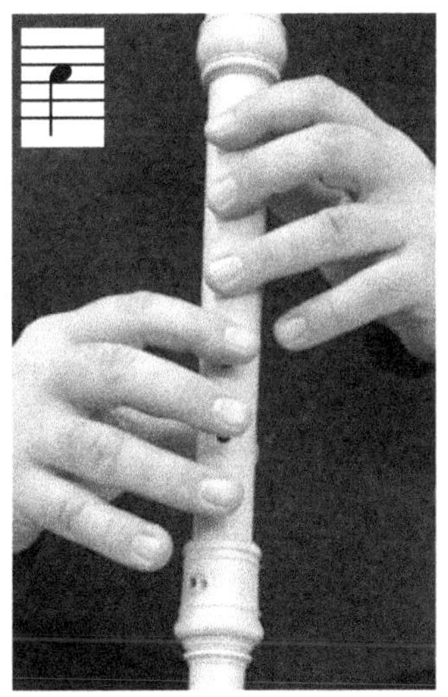

Suonare il secondo Do preparando la posizione del Fa naturale
Play the second C while taking on the hole-covering position

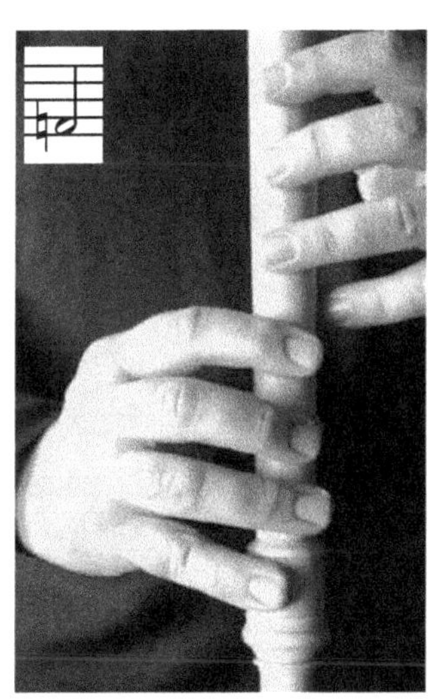

Suonare il Fa coprendo l'intero foro
Play the F covering the whole hole

Esercizi sull'uso dei mezzi fori - *Exercises on using half-holes*

Applichiamo i principi illustrati ai seguenti esercizi
Now apply the principles explained in the following exercises

Es. 1a (MM. ♩)

Es. 1b (MM. ♩)

Es. 1c (MM. ♩)

Es. 2a (MM. ♩)

Es. 2b (MM. ♩.)

Es. 3a (MM. ♩)

Es. 3b (MM. ♩)

Es. 3c (MM. ♪)

Es. 4a (MM. ♪)

Es. 4b (MM. ♩.)

Es. 5a (MM. ♩)

Es. 5b (MM. ♩)

Es. 5c (MM. ♩)

Es. 6a (MM. ♩)

Es. 6b (MM. ♩)

Es. 6c (MM. ♩)

Es. 7a (MM. ♩)

Es. 7b (MM. ♩)

14

Es. 7c (MM. ♩)

Es. 8a (MM. ♩)

Es. 8b (MM. ♩)

Es. 8c (MM. ♩.)

LA MANO SINISTRA   *THE LEFT HAND*

La posizione di questa mano è molto legata a come si articola il pollice. Perché chi usa lo scivolamento del pollice verso il basso nel fare il mezzo foro crea meno sollecitazioni alla mano anche se a mio avviso è un'apertura molto rischiosa nelle note acute. In ogni modo io vi parlerò dell'uso del pollice che prevede il piegamento dell'ultima falange. Anche usando questa tecnica dobbiamo pensare sempre al movimento delle dita perpendicolari ai fori. Per ottenere questo movimento il più possibile corretto è necessario formare tra pollice ed indice un cerchio il più ampio possibile,

Thumb articulation deeply influences this hand's position. The hand is less strained for those who use to slide the thumb downwards to do the half hole, but this is, in my opinion, a rather risky opening for high notes. Anyway, I shall discuss that use of the thumb that requires to bend the last phalange. Even in this case the movement of fingers should be considered perpendicular to the holes.
In order to perform the correct movement, index and thumb should be placed so as to form a circle, as wide as possible,

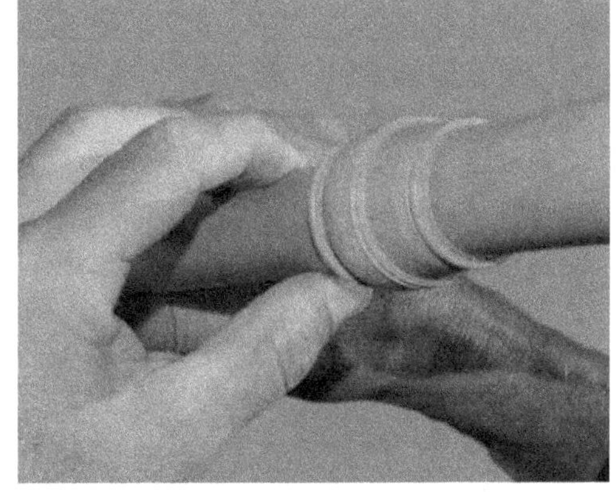

e il pollice coprirà il mezzo foro dietro con l'estremità dell'unghia.

and the thumb will cover the half hole behind, with the end of the nail.

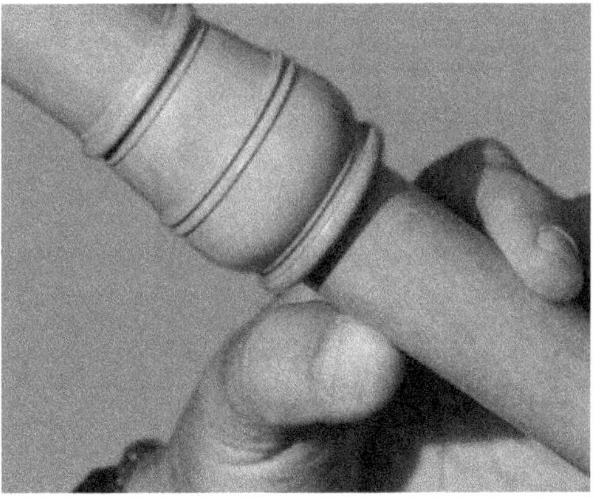

Anche per usare il pollice correttamente sarà necessario fare alcuni esercizi secondo la seguente formula:

Some exercise, following the example below, are required also in this case, to practice the correct use of the thumb.

Prima misura - *First measure*

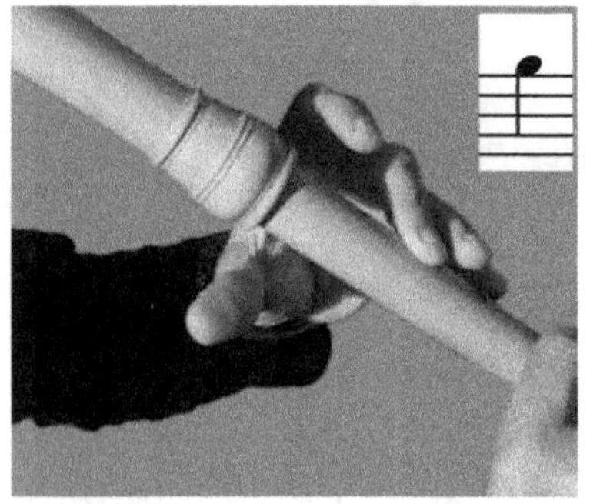

Suonare il primo Sol con il pollice nella posizione naturale
Play the first G with the thumb in its natural position

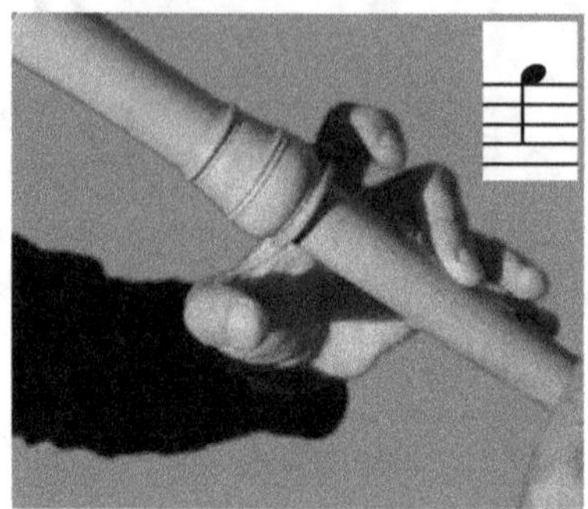

Suonando il secondo Sol il pollice si piega e si mette in posizione per coprire il mezzo foro.
Play the second G while bending the thumb, making it ready to cover the half-hole

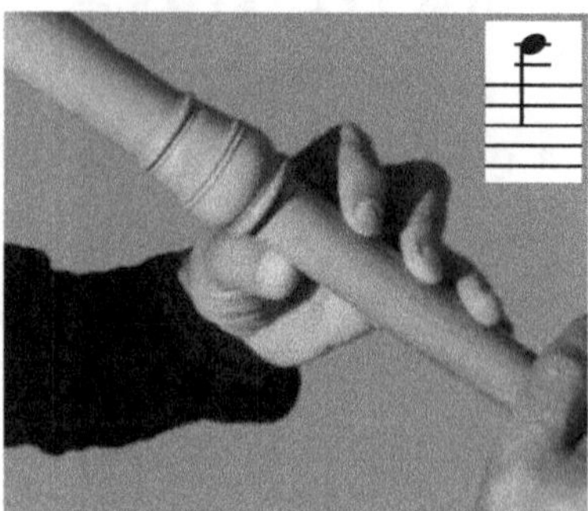

Suonare il Do con il pollice che copre mezzo foro.
Play the C with the thumb covering the half-hole

Seconda misura - *Second measure*

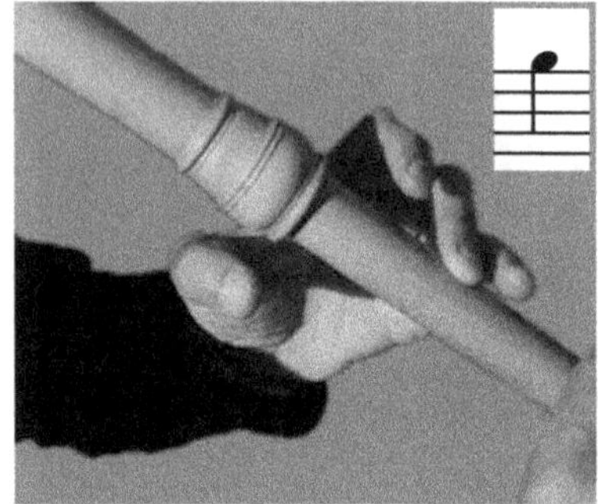

Suonando il primo Sol il pollice si allontana dal foro rimanendo piegato.
Play the first G with the thumb, still bent, moving away from the hole

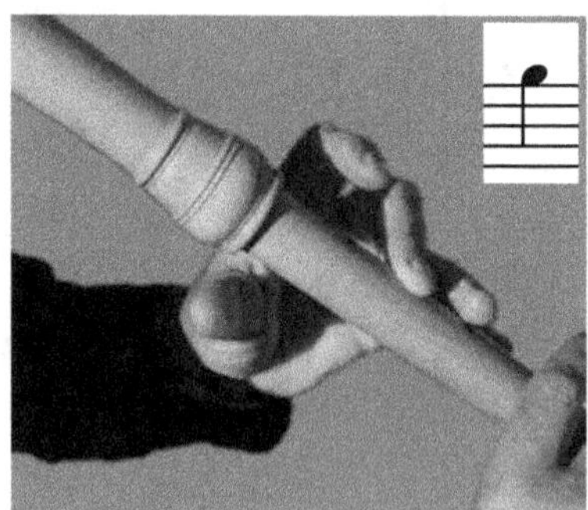

Suonando il secondo Sol il pollice si mette nella posizione naturale.
Play the second G while the thumb goes back in its natural position

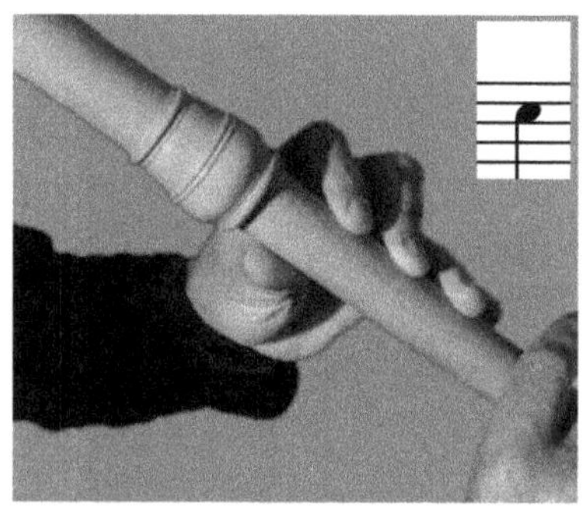

Suonare il Do con il pollice che copre il foro posteriore.
Play the C with the thumb covering the back hole

Esercitarsi secondo il seguente schema - *Practice according to the following scheme*

Esercizi per la mano sinistra in quarti - *Exercises for the left hand in quarters*

Es. 1

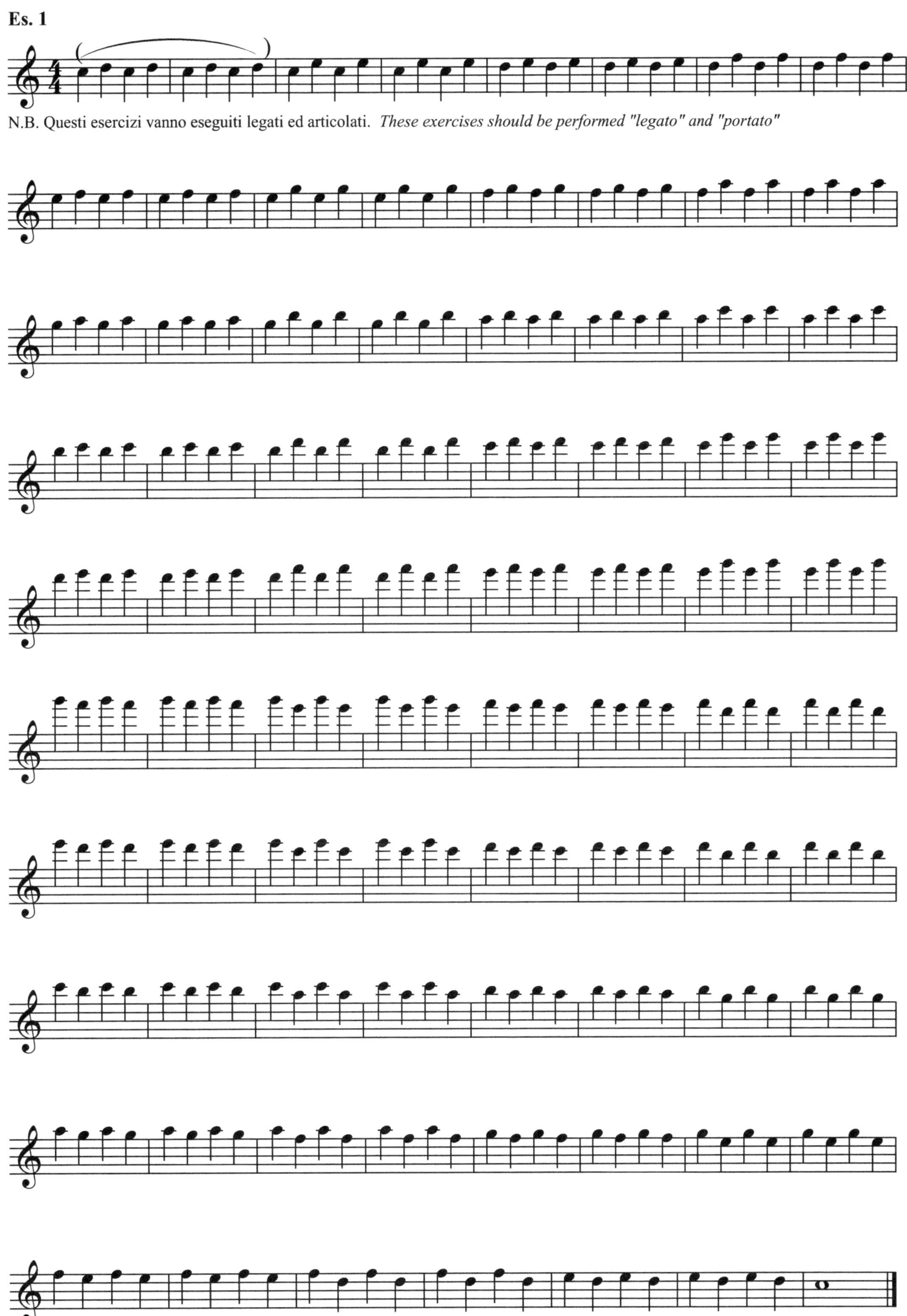

N.B. Questi esercizi vanno eseguiti legati ed articolati. *These exercises should be performed "legato" and "portato"*

18

Es. 2

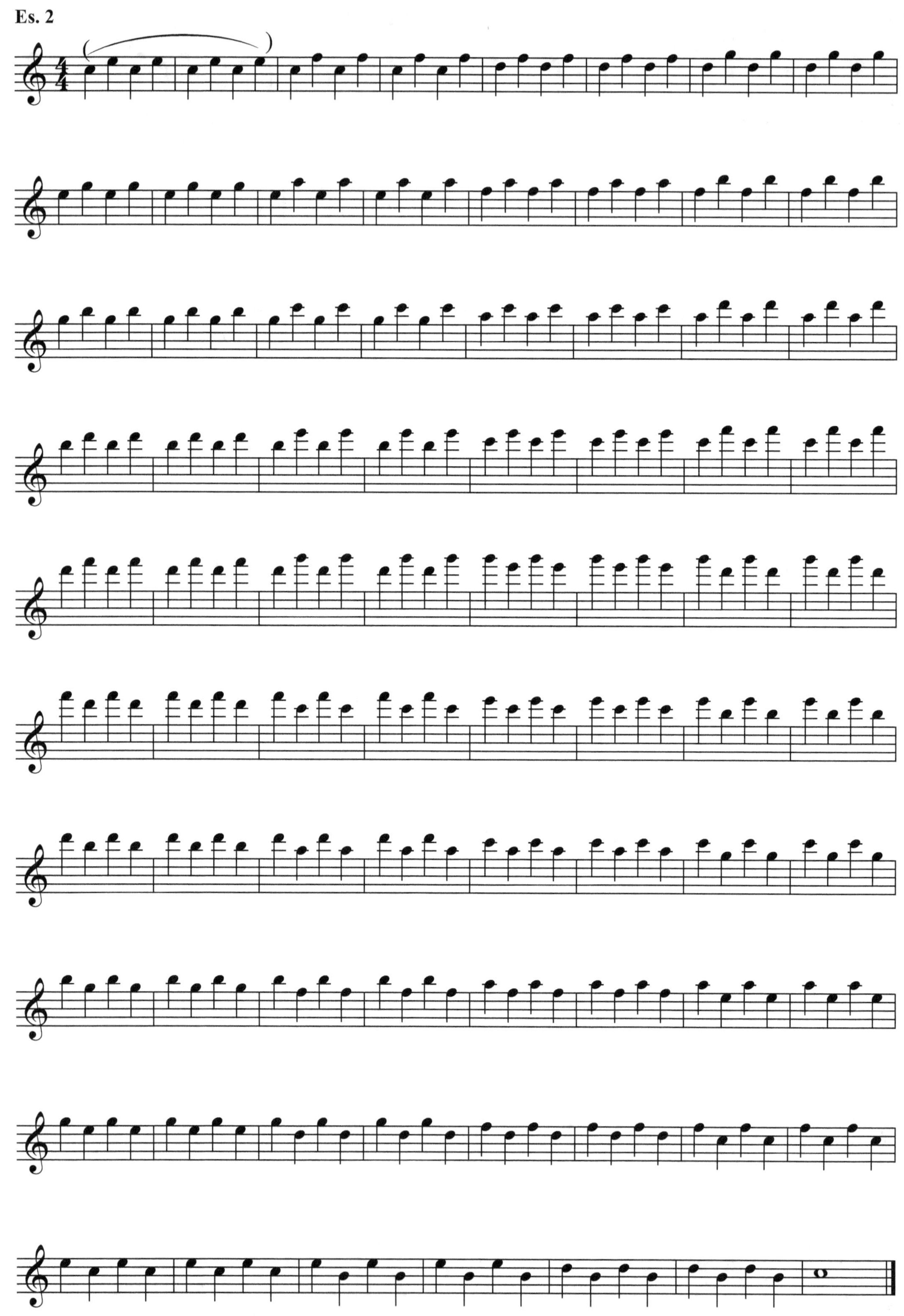

Es. 3

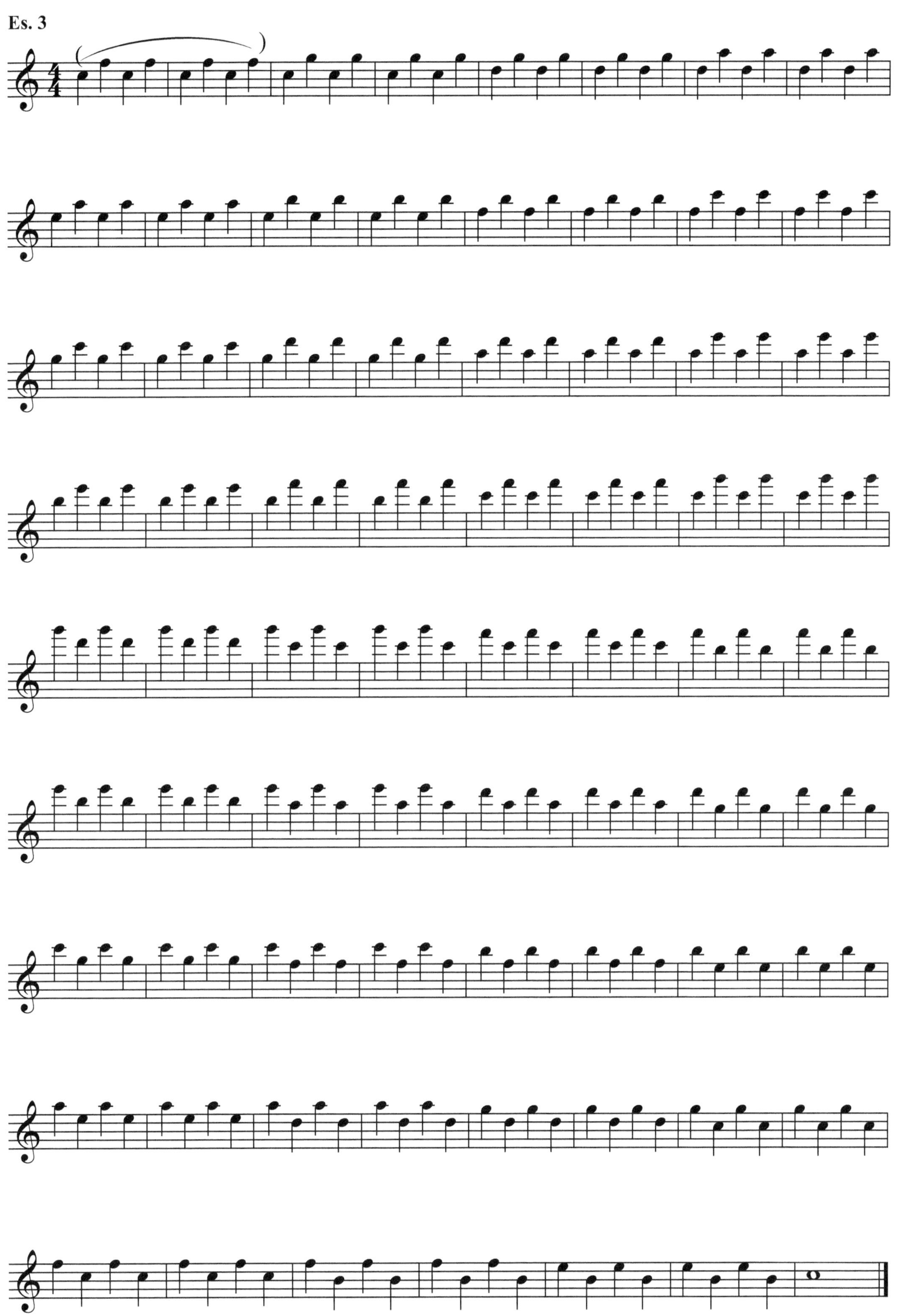

Es. 4

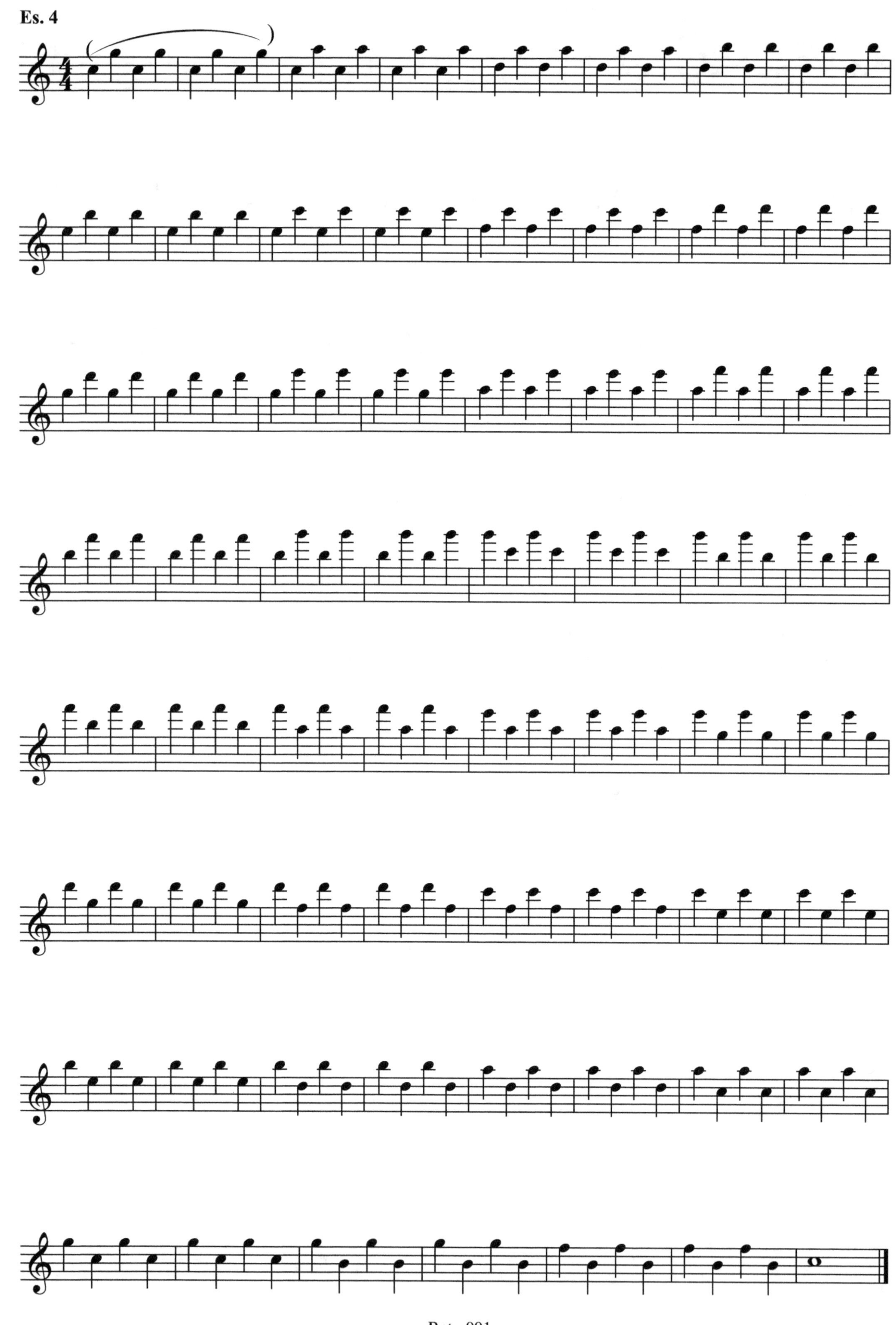

Es. 5

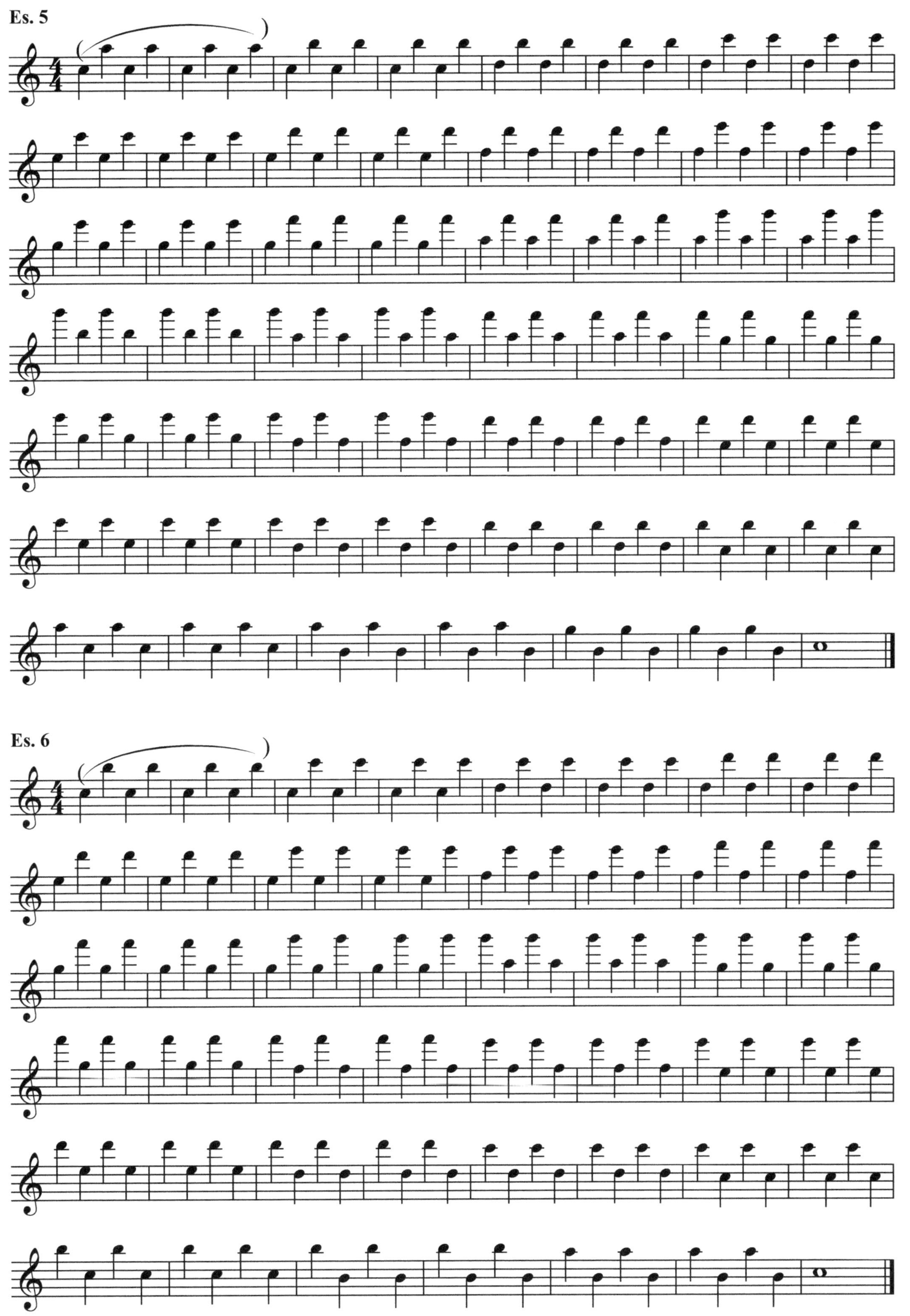

Es. 6

Es. 7

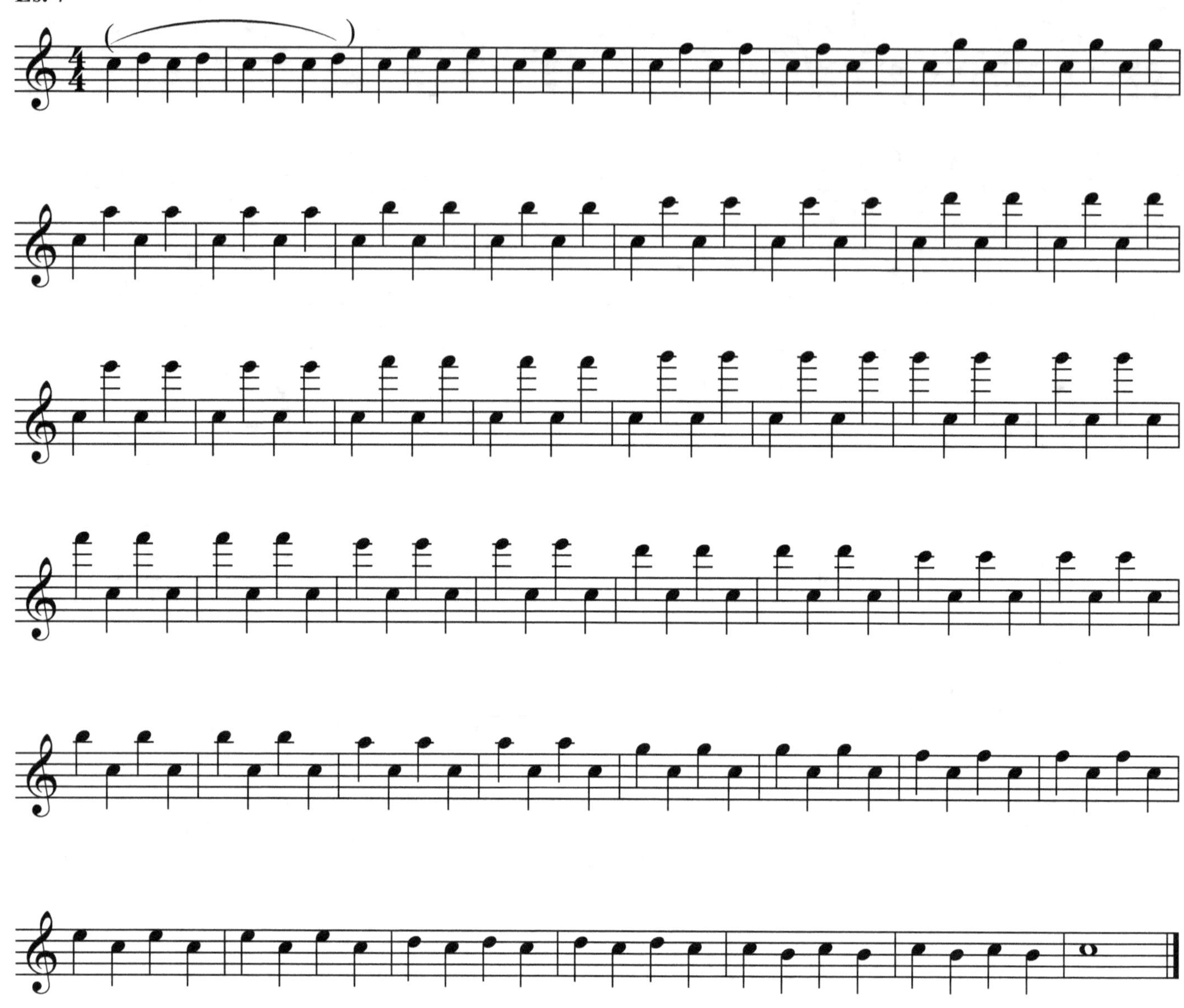

Gli stessi esercizi in ottavi - *The same exercises in eighths*

Es. 1

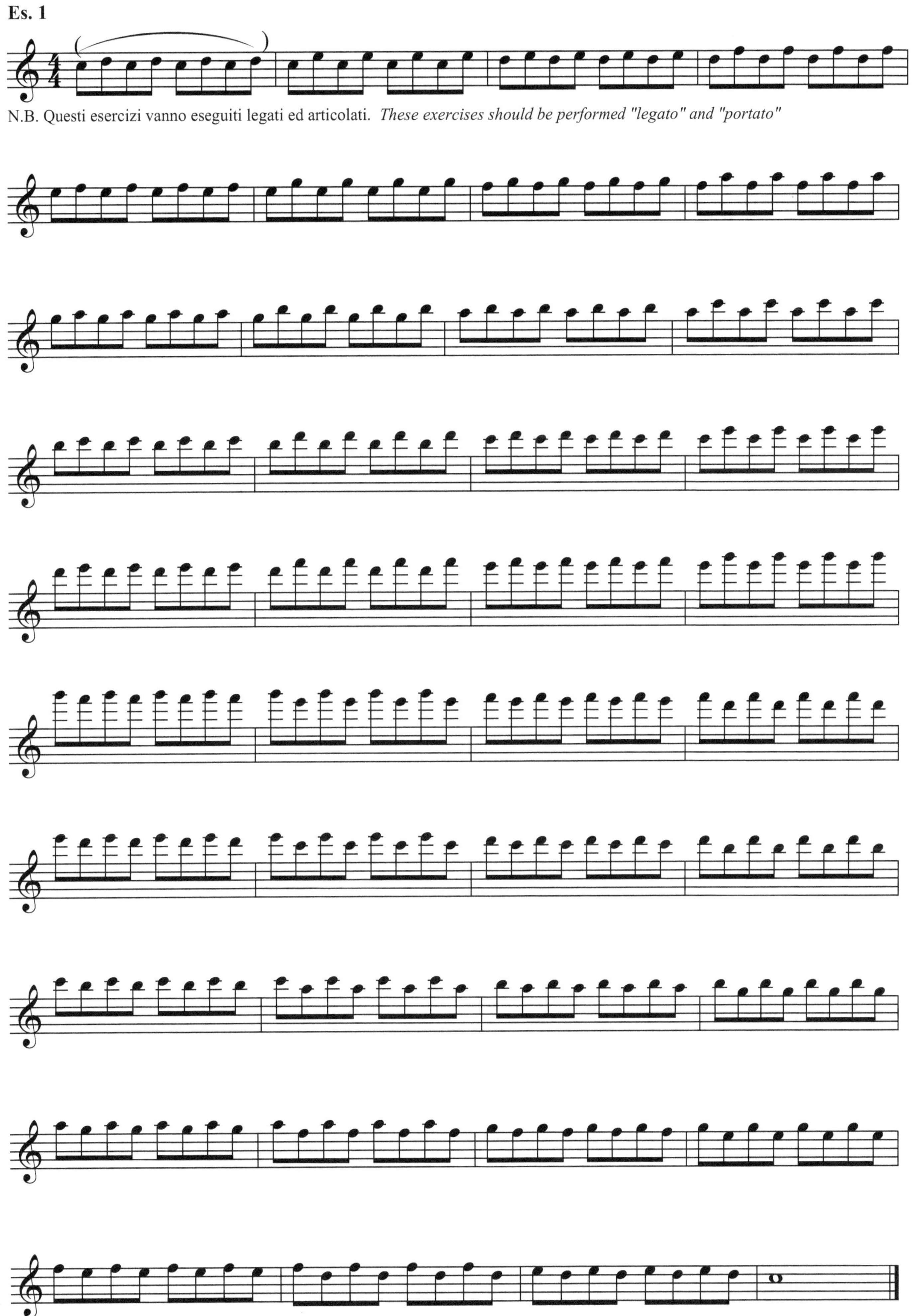

N.B. Questi esercizi vanno eseguiti legati ed articolati. *These exercises should be performed "legato" and "portato"*

Es. 2

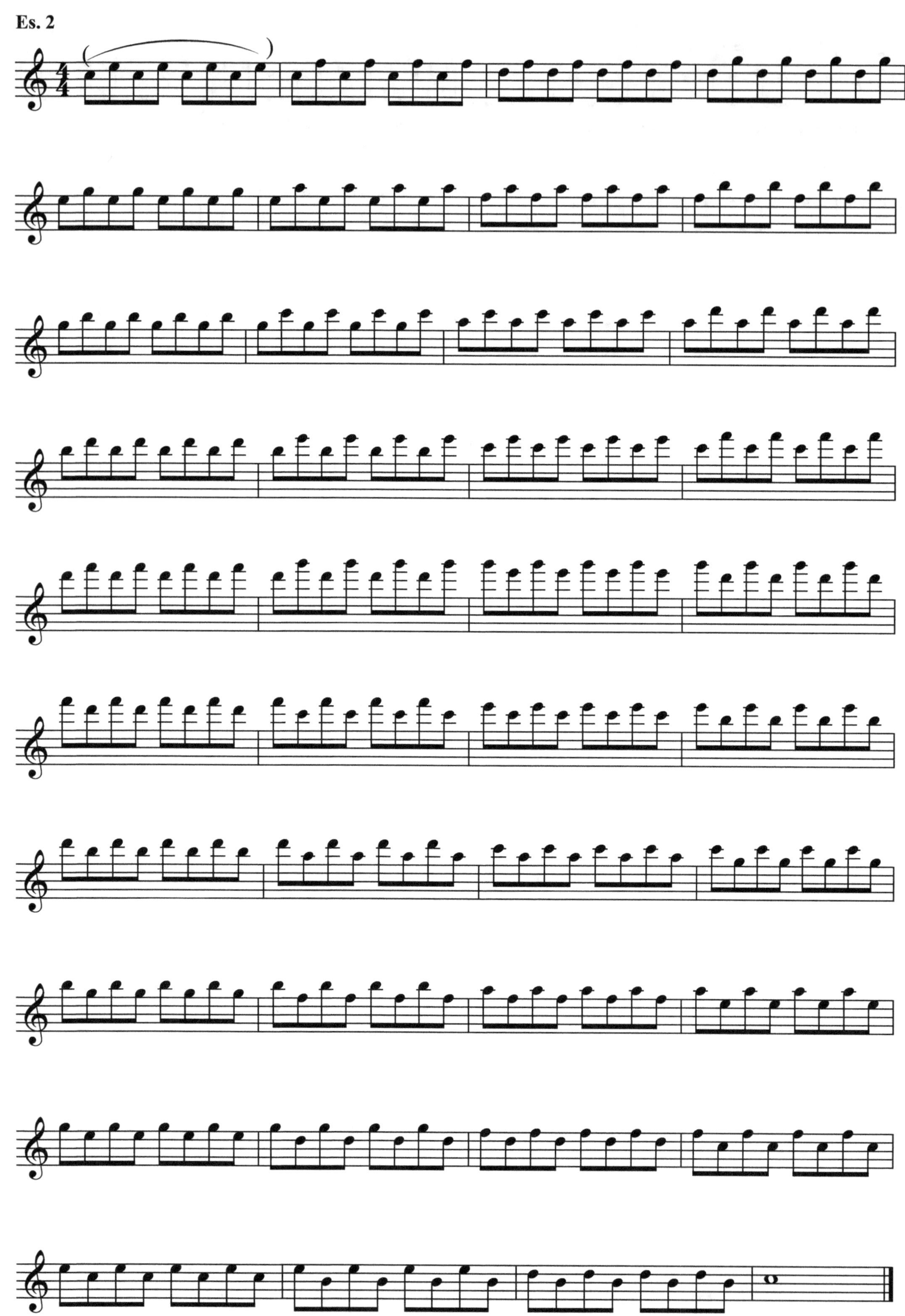

Es. 3

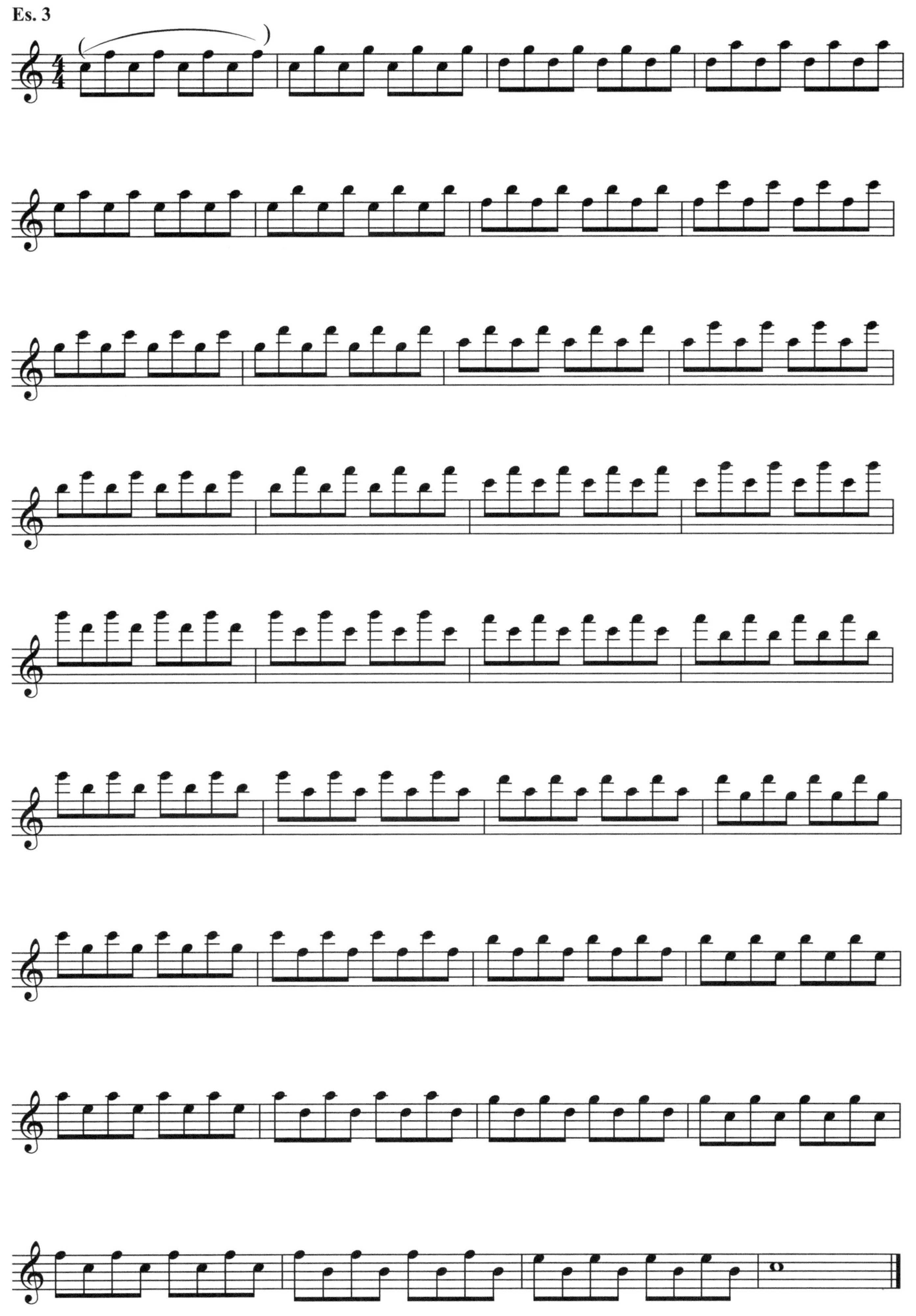

Es. 4

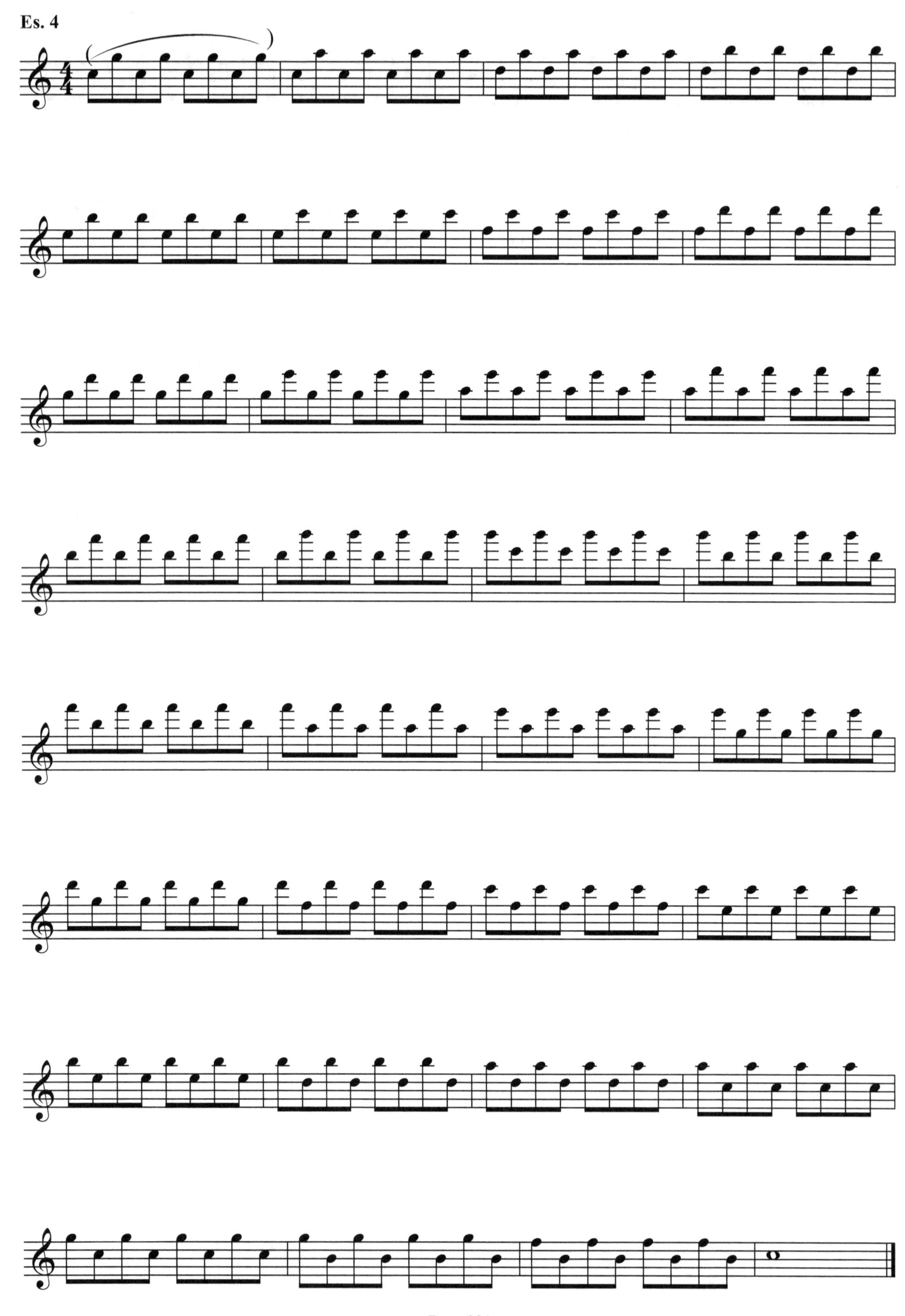

Es. 5

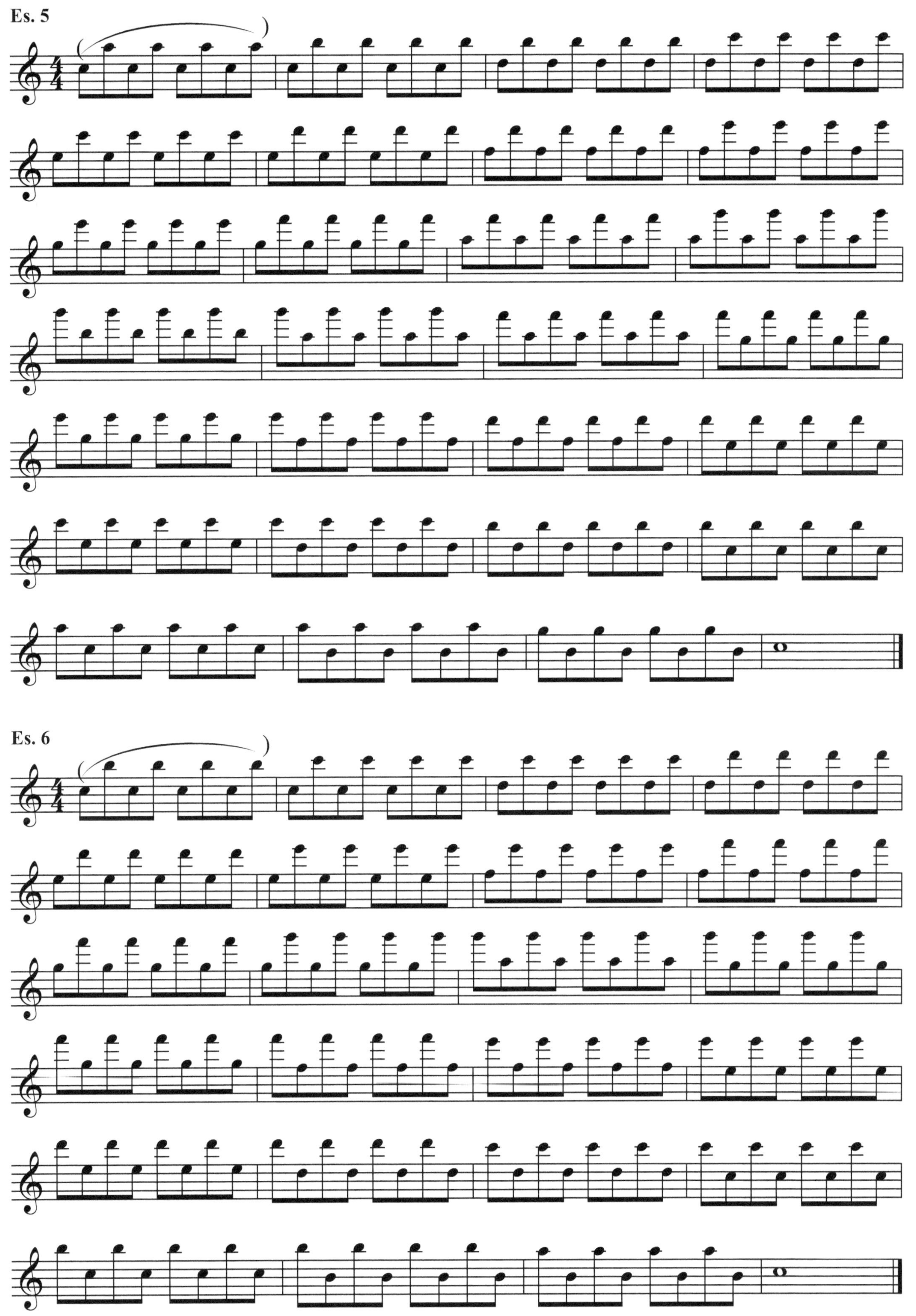

Es. 6

Es. 7

Es. 1

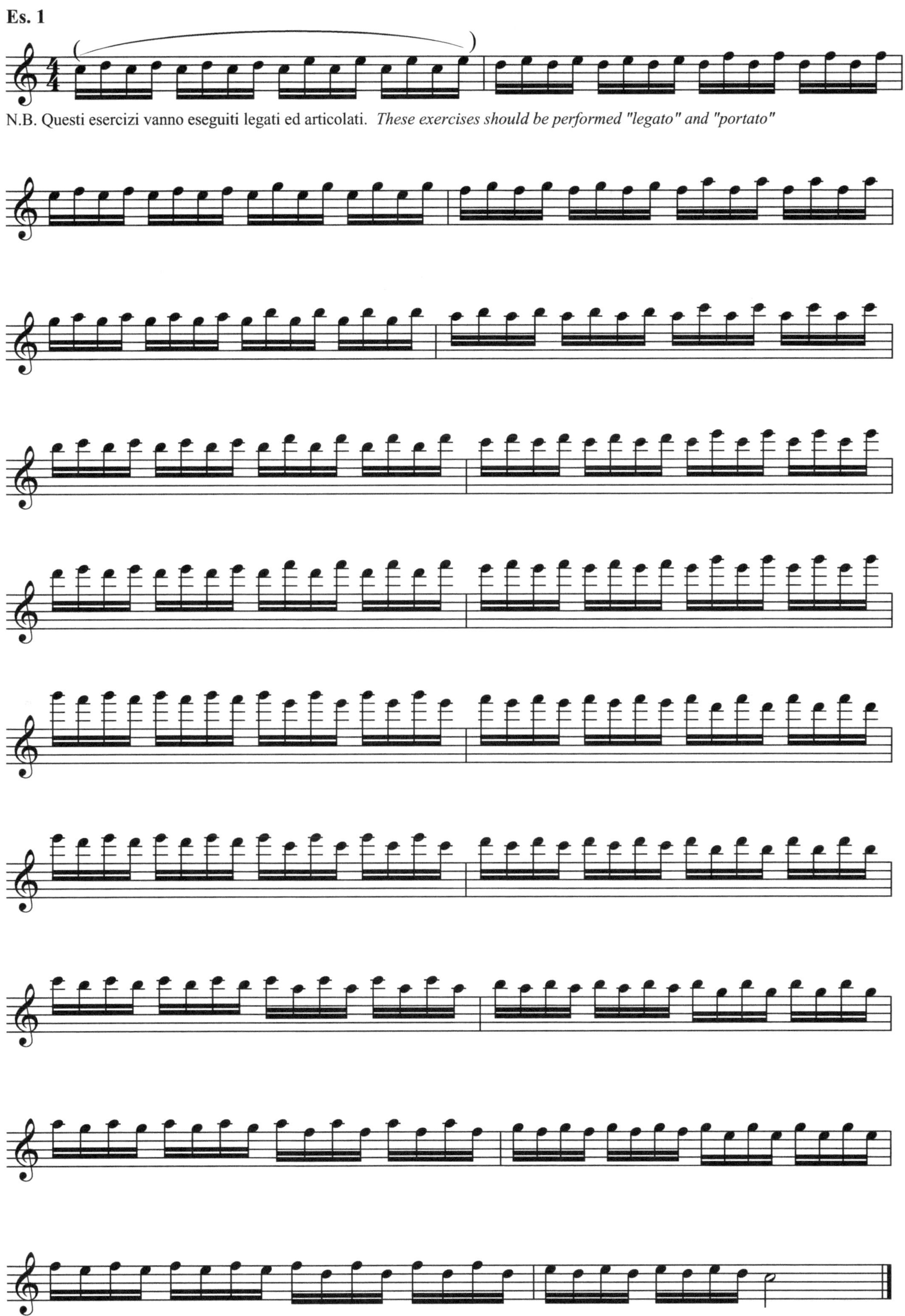

N.B. Questi esercizi vanno eseguiti legati ed articolati. These exercises should be performed "legato" and "portato"

Es. 2

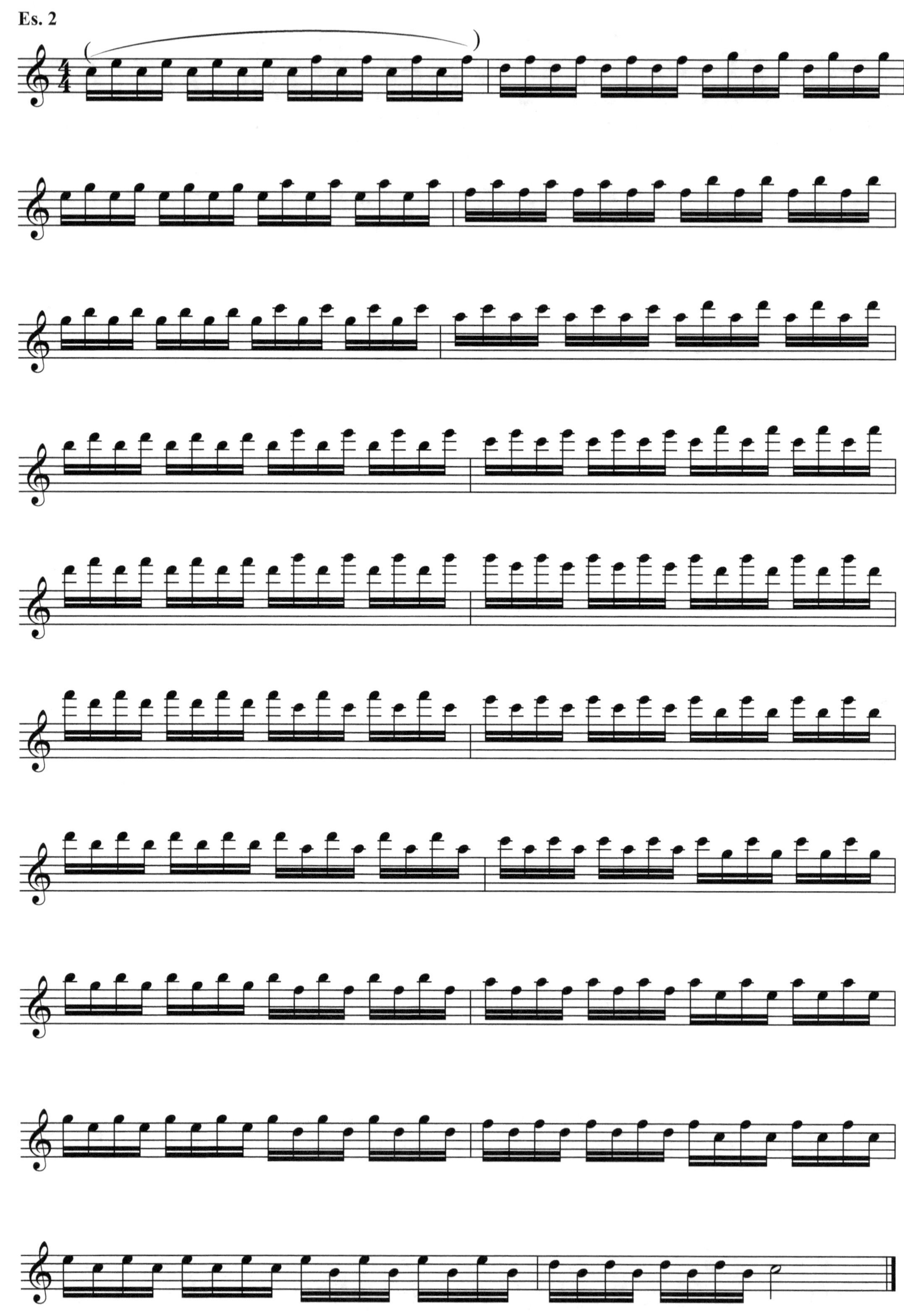

Es. 3

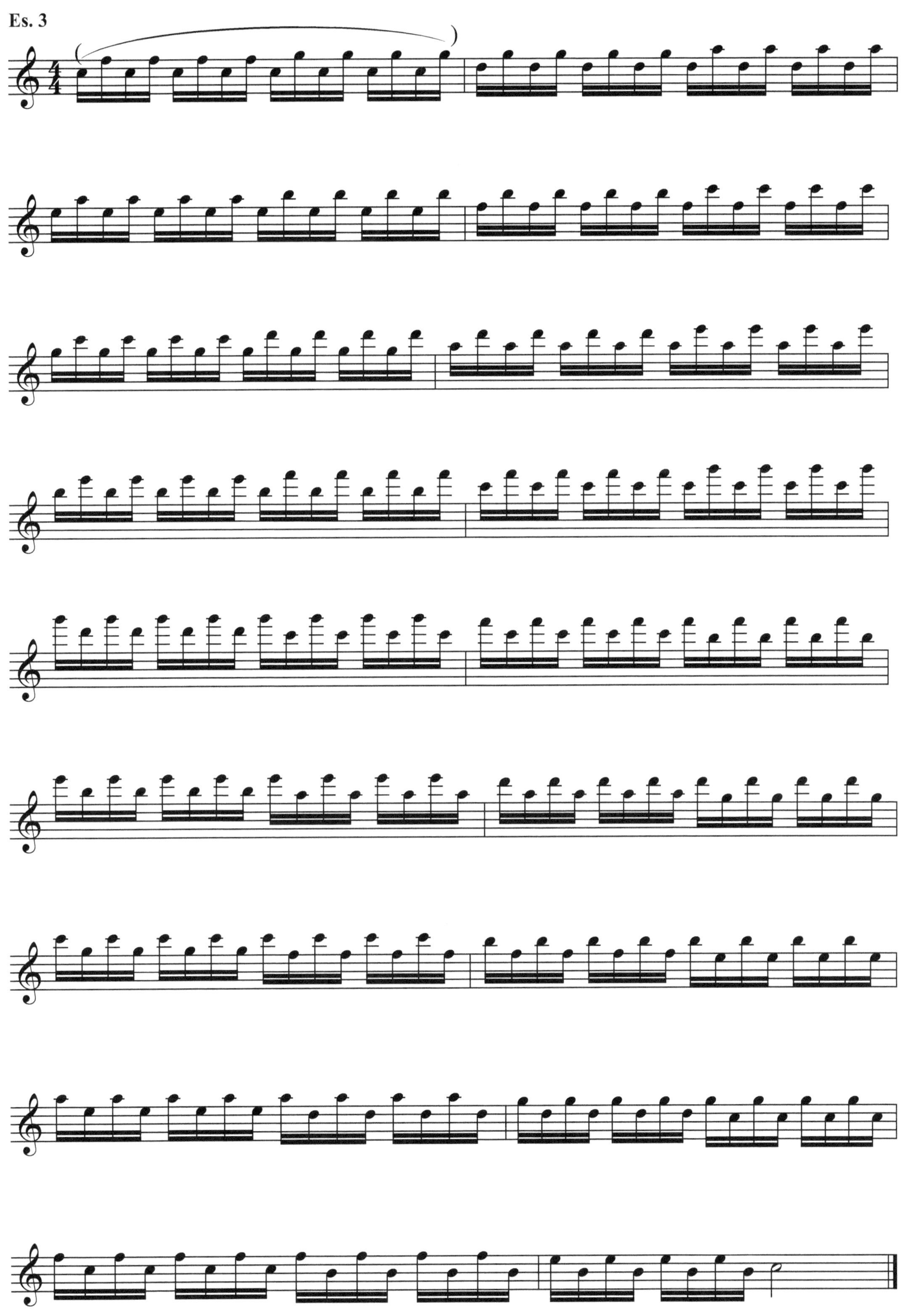

Es. 4

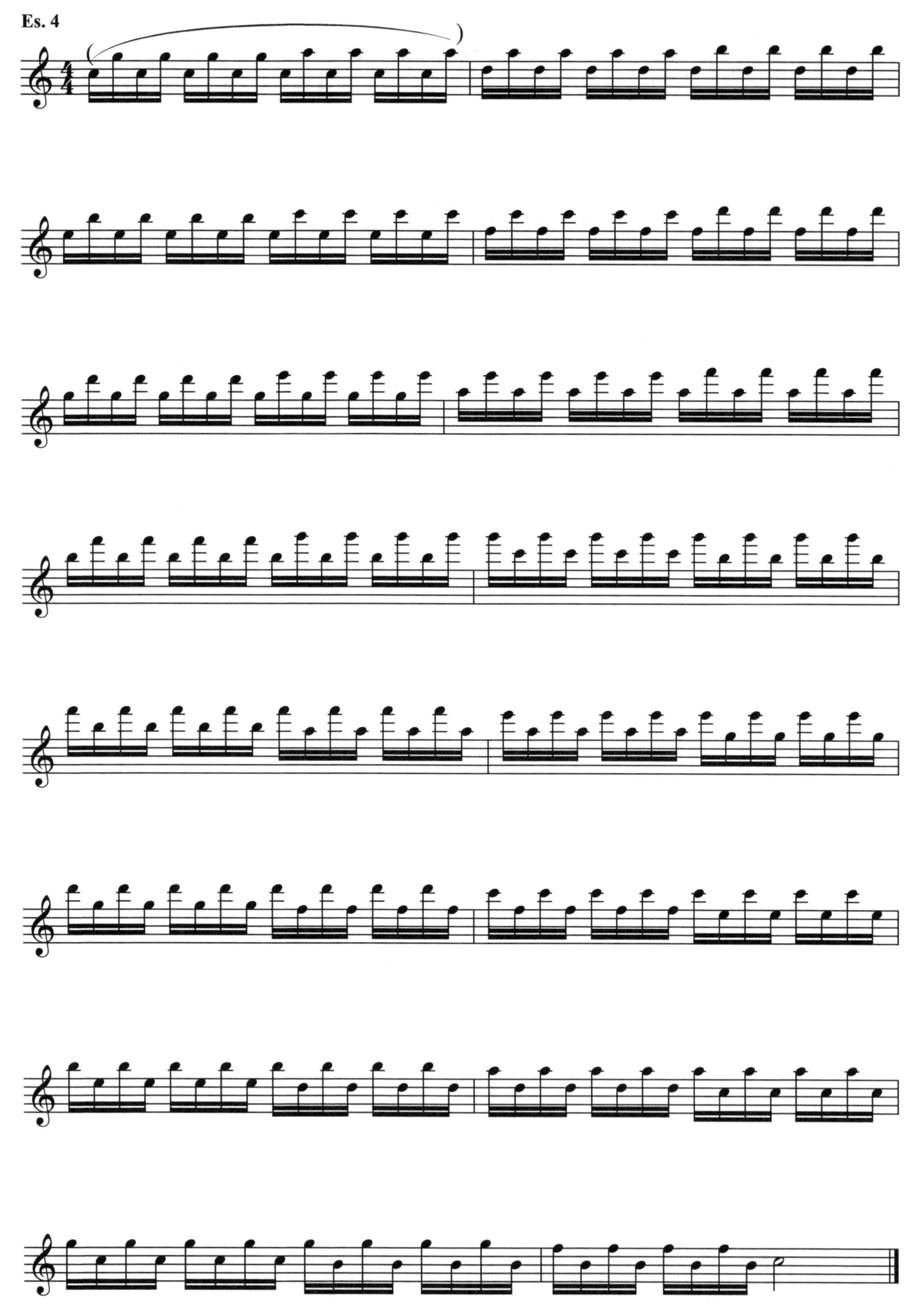

Es. 5

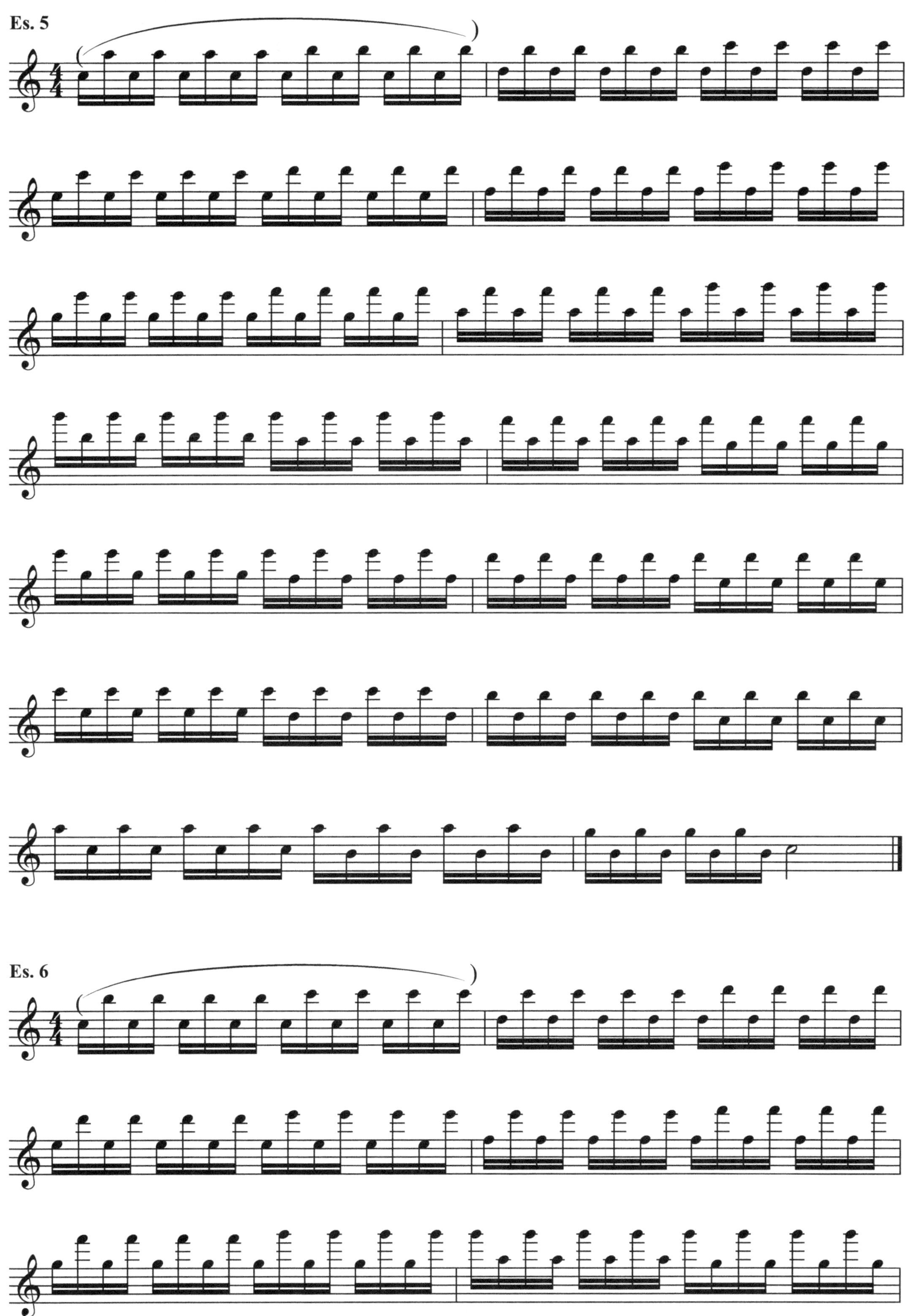

Es. 6

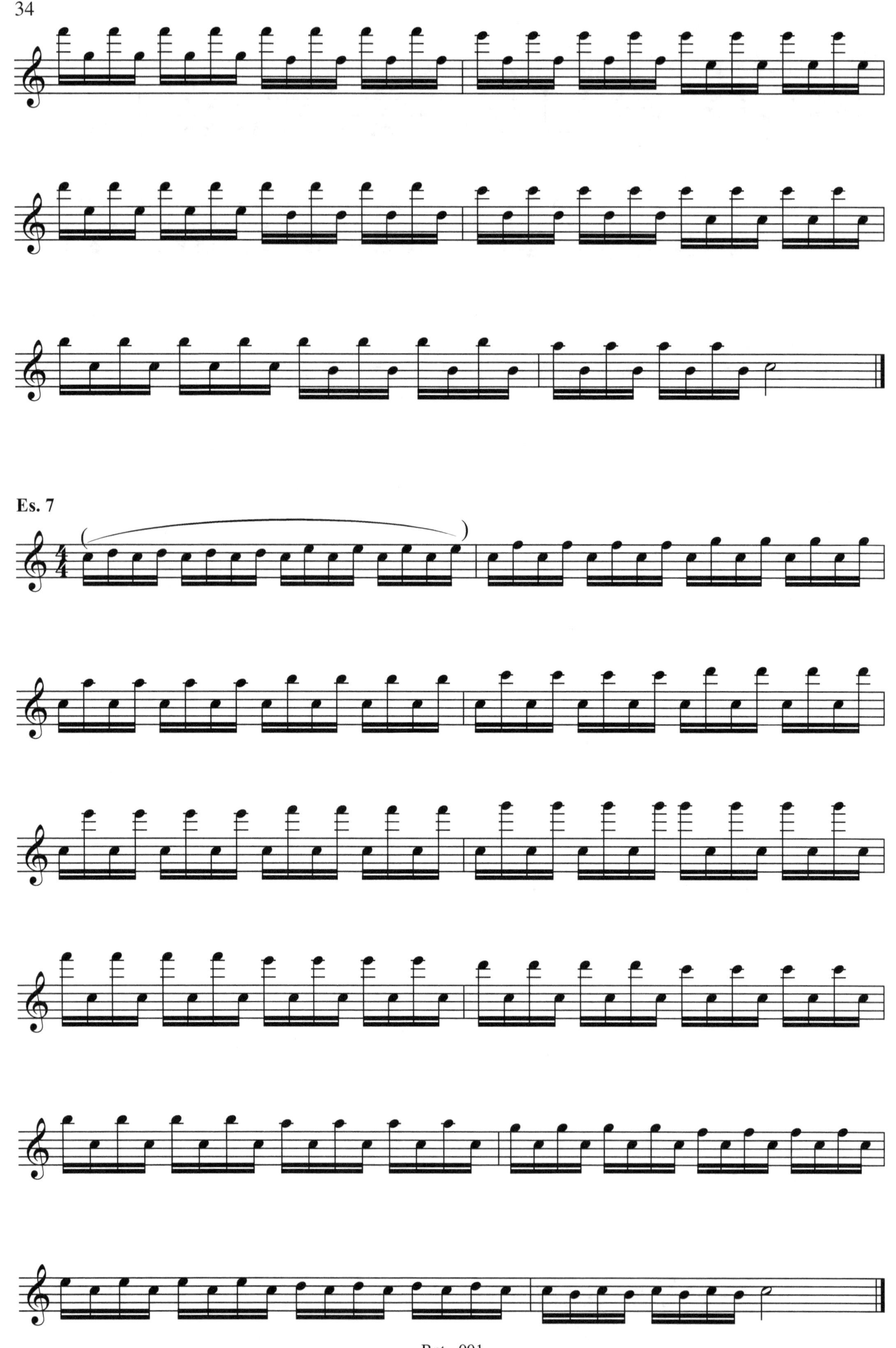

Es. 7

L'USO DEL MIGNOLO

THE USE OF THE LITTLE FINGER

Il mignolo (unitamente alle labbra) serve a bilanciare la posizione del flauto. Esso si dovrà appoggiare sulla parte superiore del piedino.

Una buona regola generale potrebbe essere quella di tenere il mignolo poggiato sul piedino quando suona la mano sinistra soltanto (A) e alzato quando suona anche la mano destra (B).

The little finger, together with lips, serves to balance the flute's position. It should be placed on the upper part of the foot joint.

In general, it would be wise to keep the little finger on the foot joint while left hand only is playing (A), and to lift it up when hands are both playing (B)

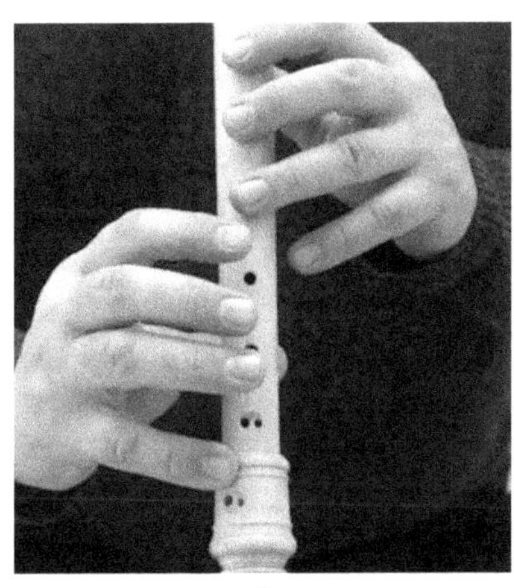

A

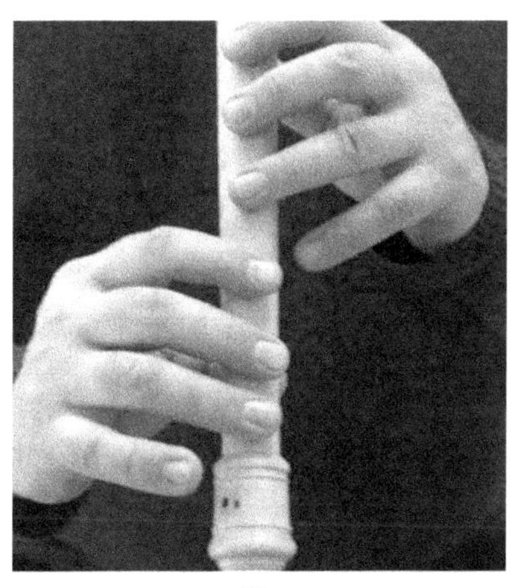

B

Negli esercizi che seguono nella prossima pagina, la freccia in basso sta ad indicare il mignolo appoggiato sul piedino, e la freccia in alto il mignolo sollevato.

In the following exercises on the next page, the downward arrow indicates the little finger resting on the foot joint, and the arrow towards indicates the little finger raised high.

Esercizi per il mignolo - *Exercises for the little finger*

Es. 4a
segue simile
Es. 4b
Es. 4c
Es. 5a
segue simile
Es. 5b
Es. 5c
Es. 6a
segue simile
Es. 6b
Es. 6c

Esercizi nelle principali tonalità - *Exercises in the main tonality*

Do

Es. 1

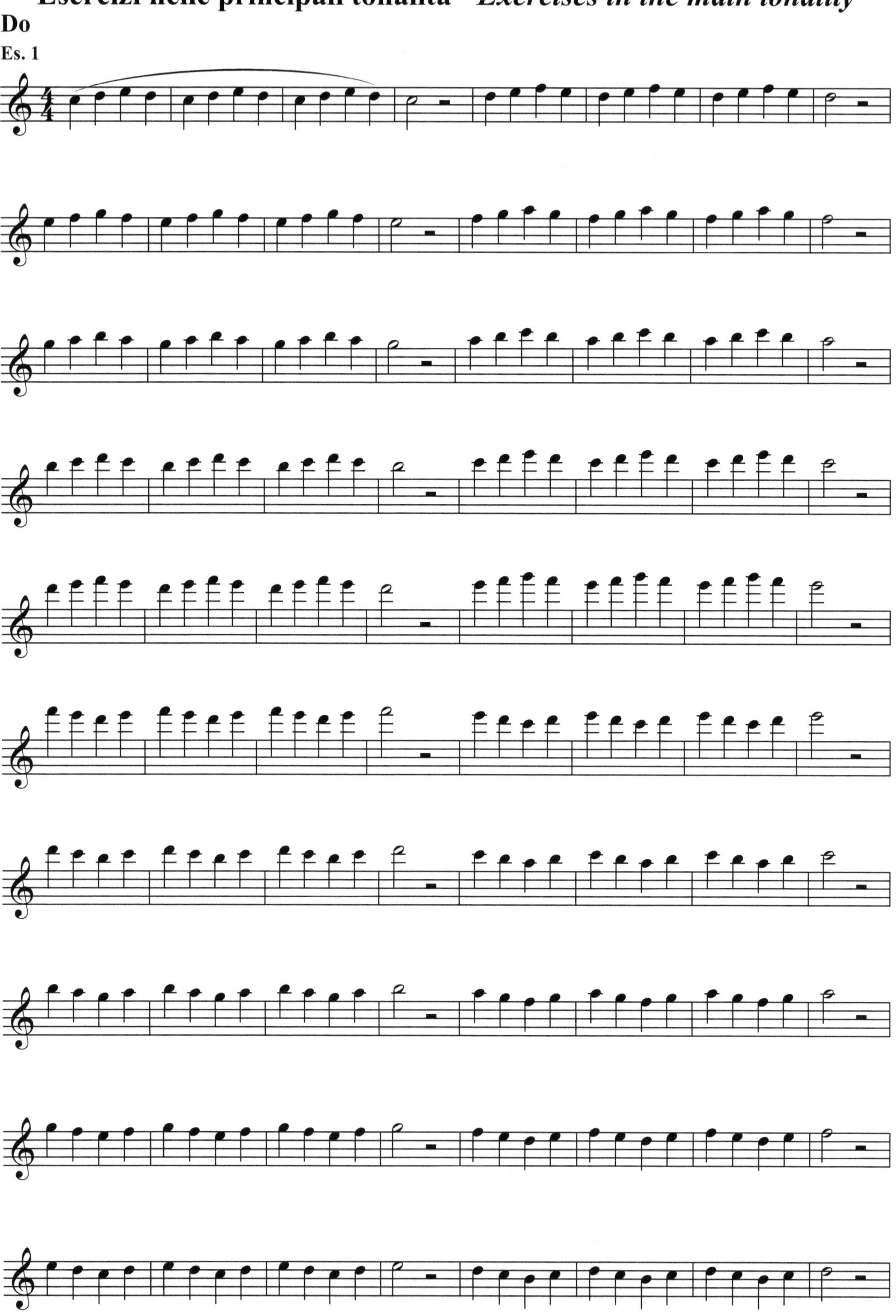

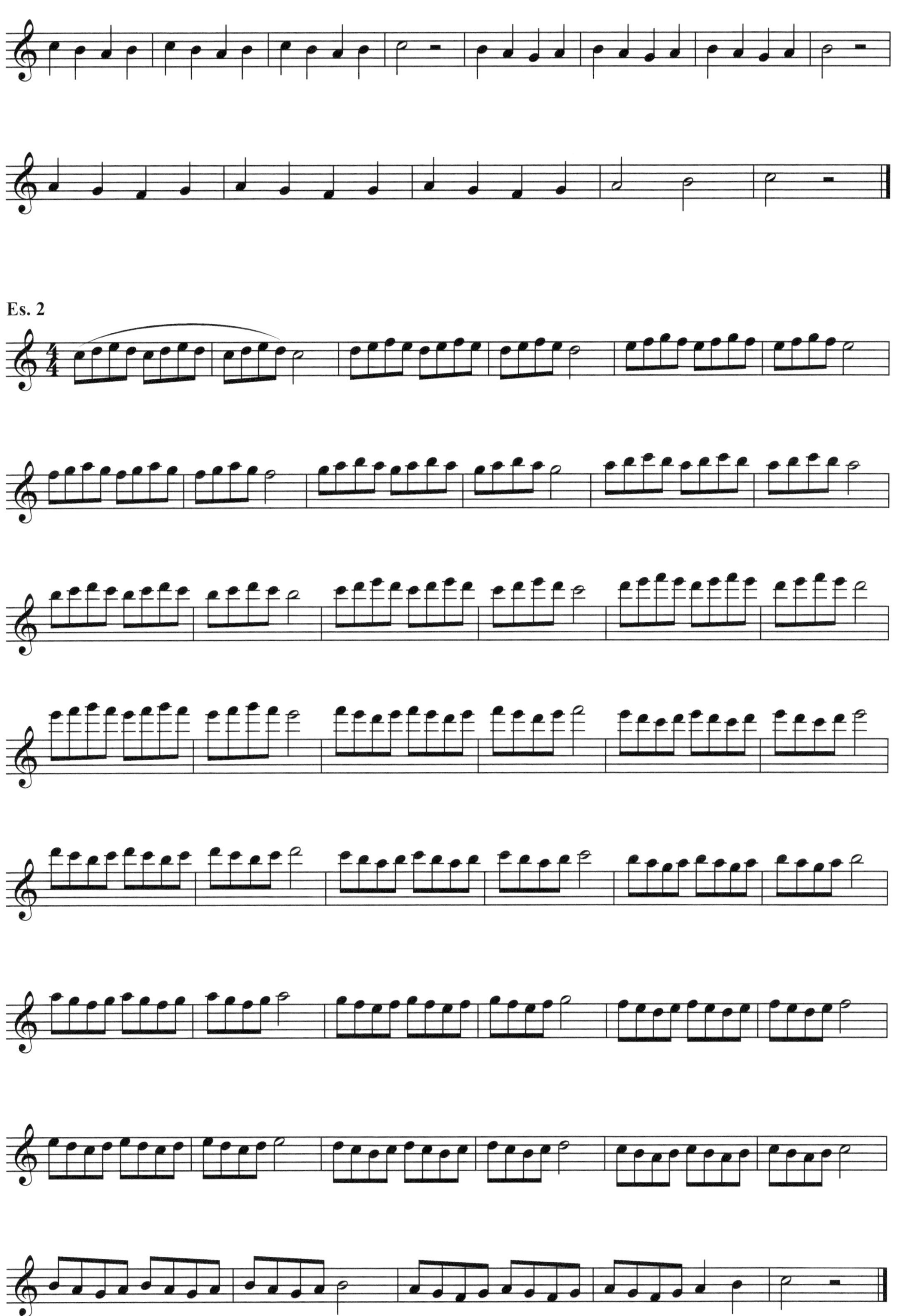
Es. 2

Es. 3

Fa

Es. 1

Es. 2

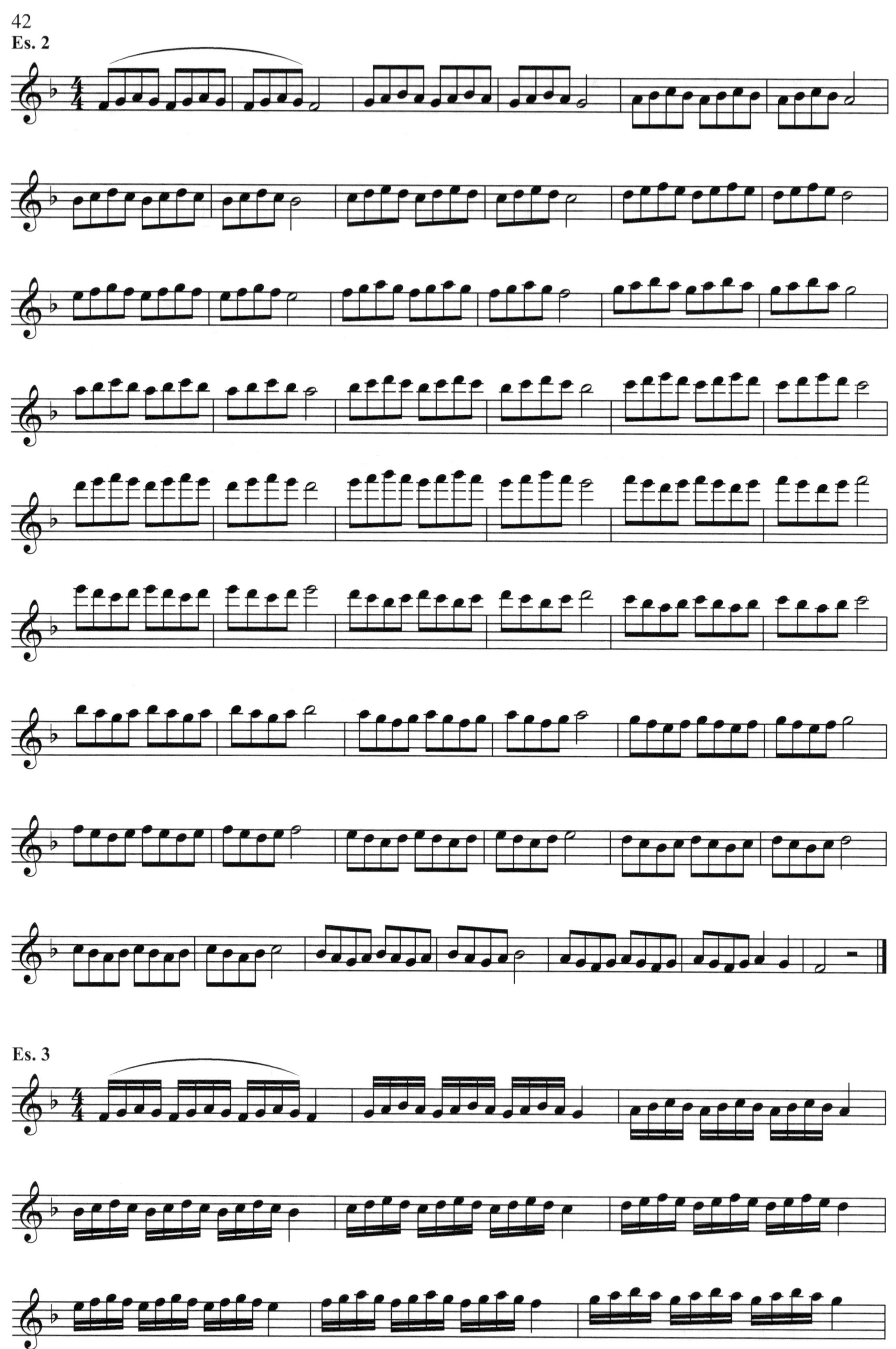

Sol
Es. 1

Es. 2
Bpt - 001

Es. 3

Si♭

Es. 1

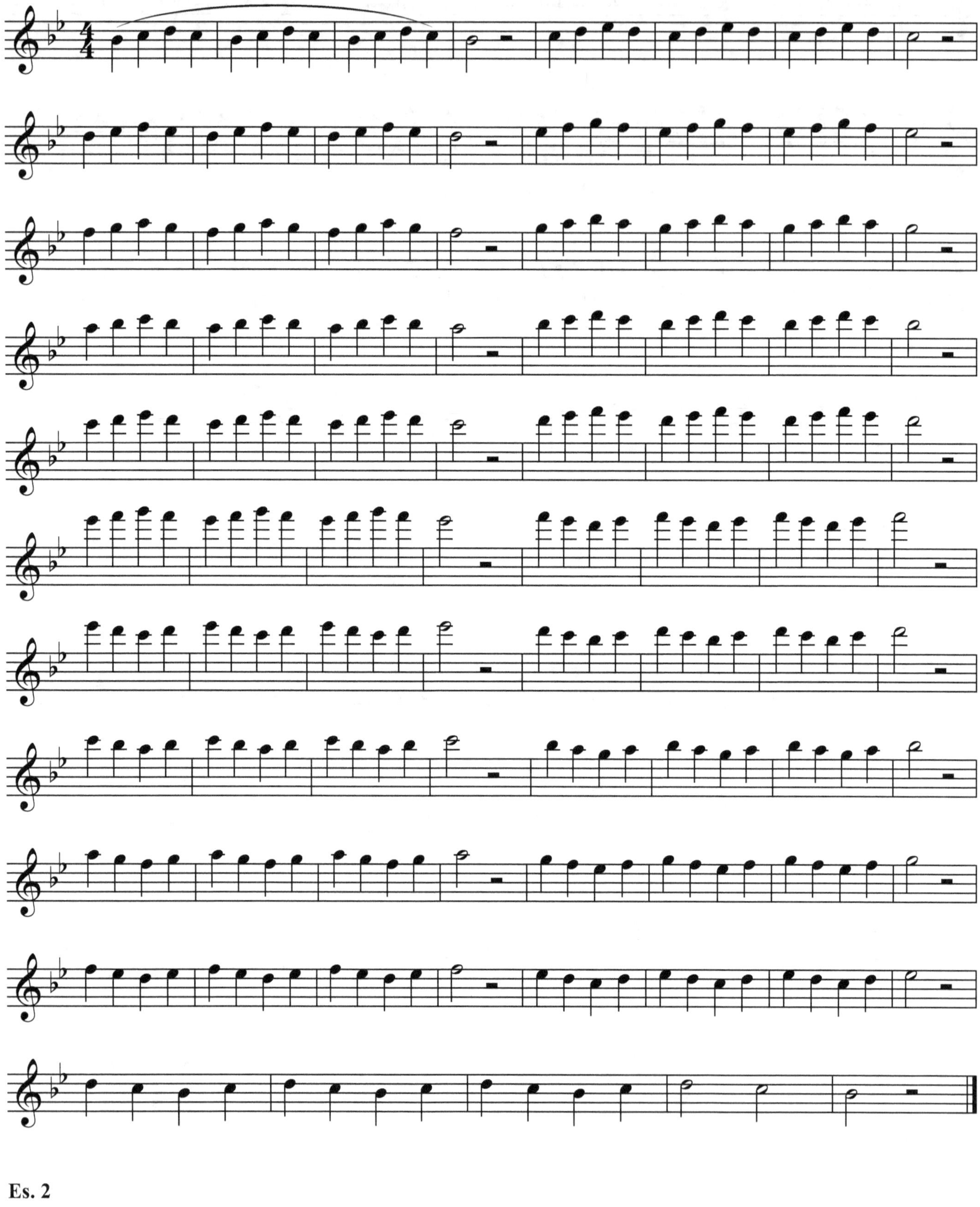

Es. 2

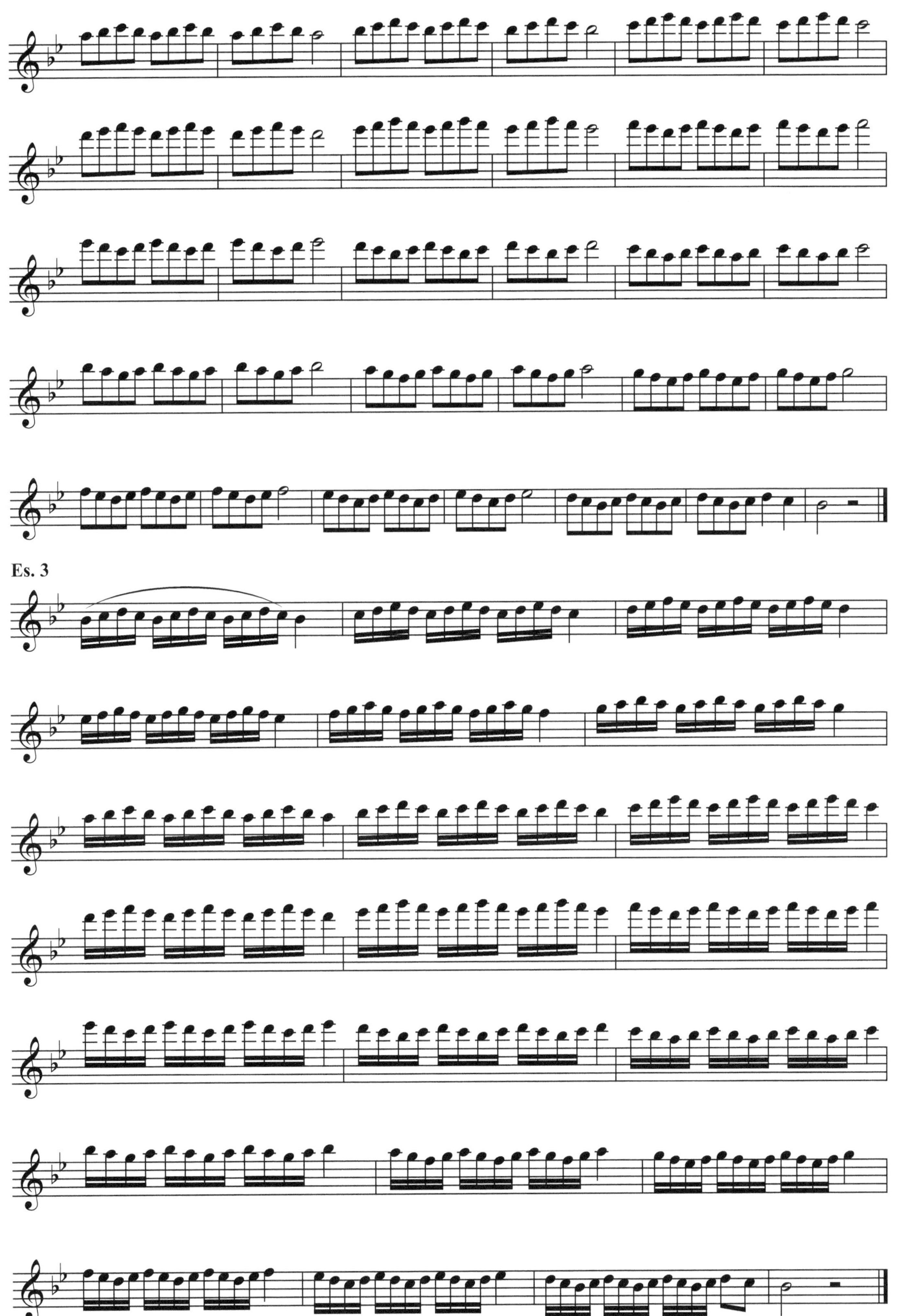

Es. 3

Re

Es. 1

Es. 2

Es. 3

Mi♭

Es. 1

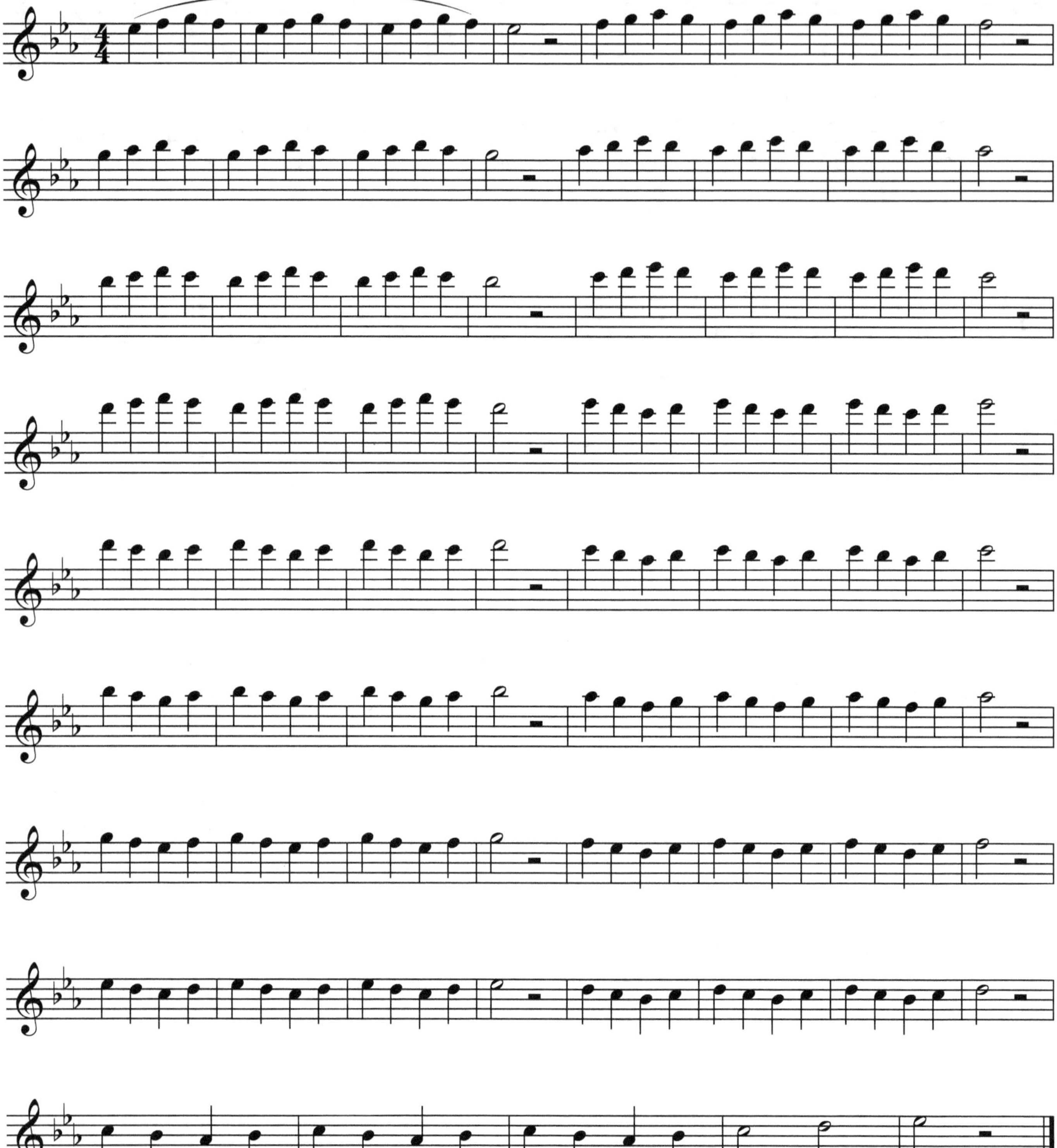

Es. 2

Es. 3

La

Es. 1

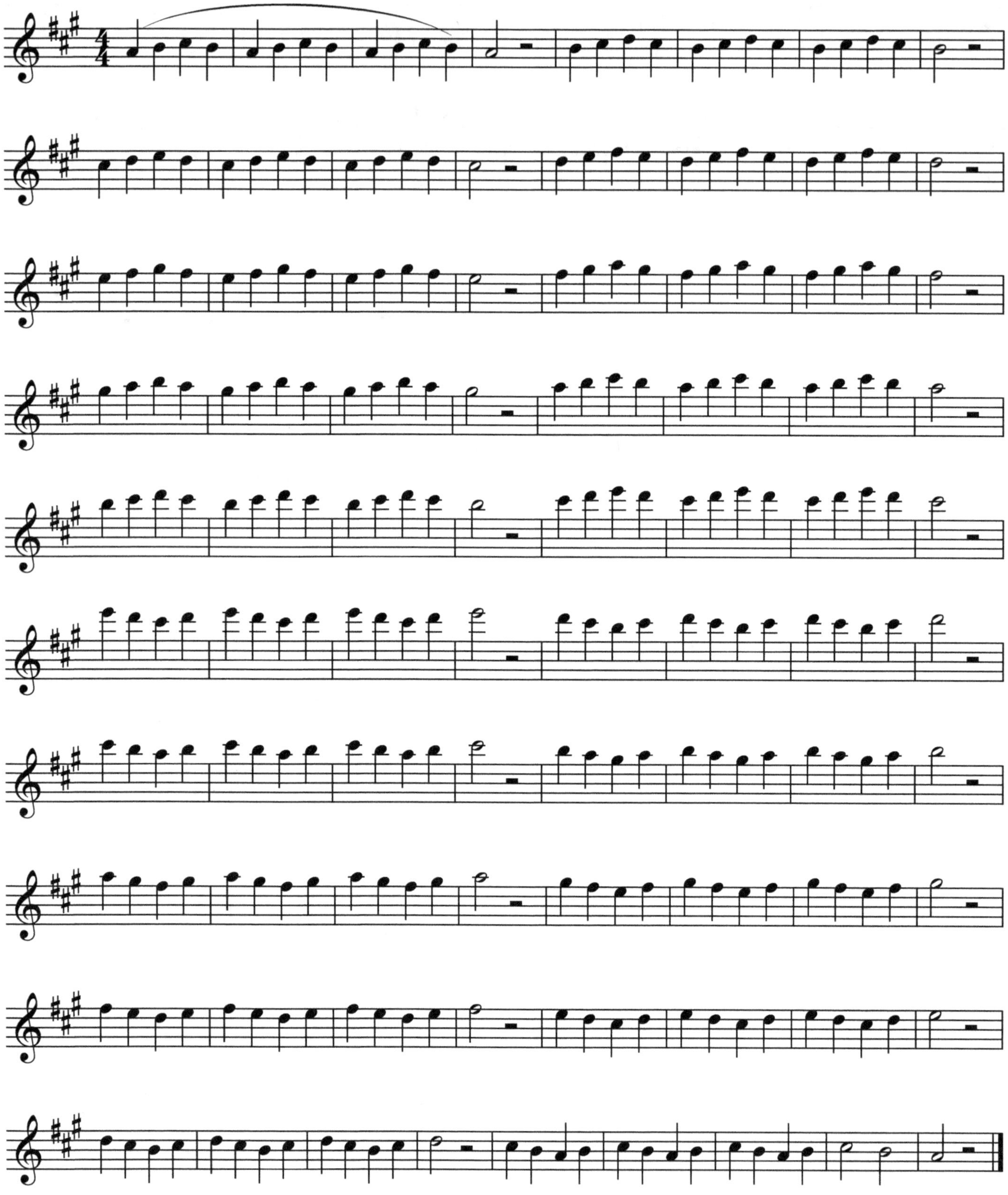

Es. 2

Es. 3

Esercizi sulle note sovracute - *Exercises on higher notes*

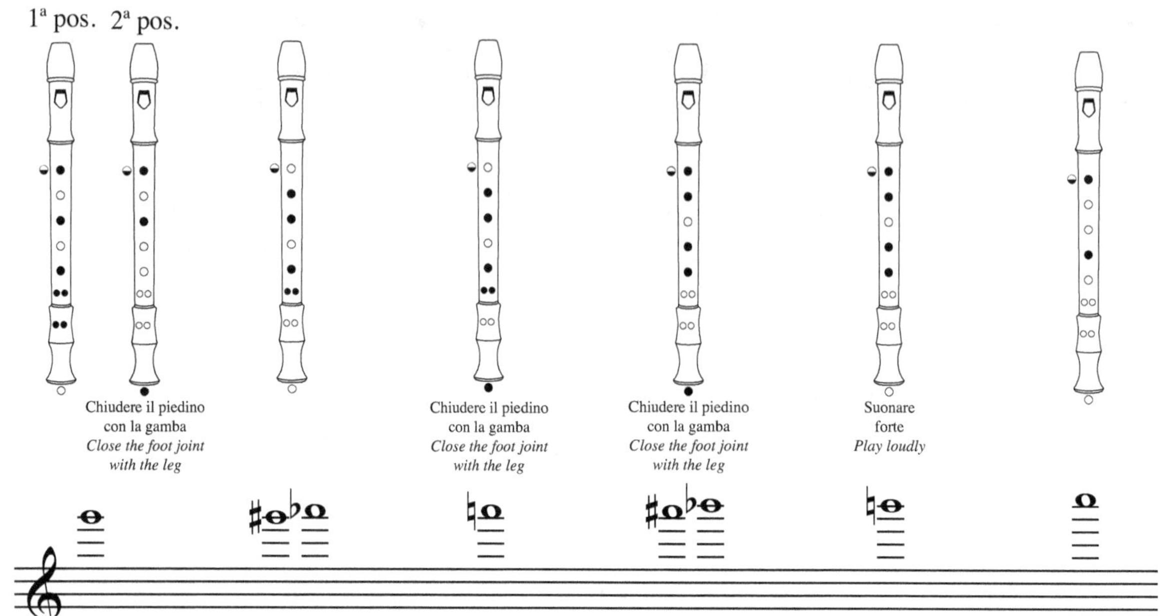

Do

Es. 1

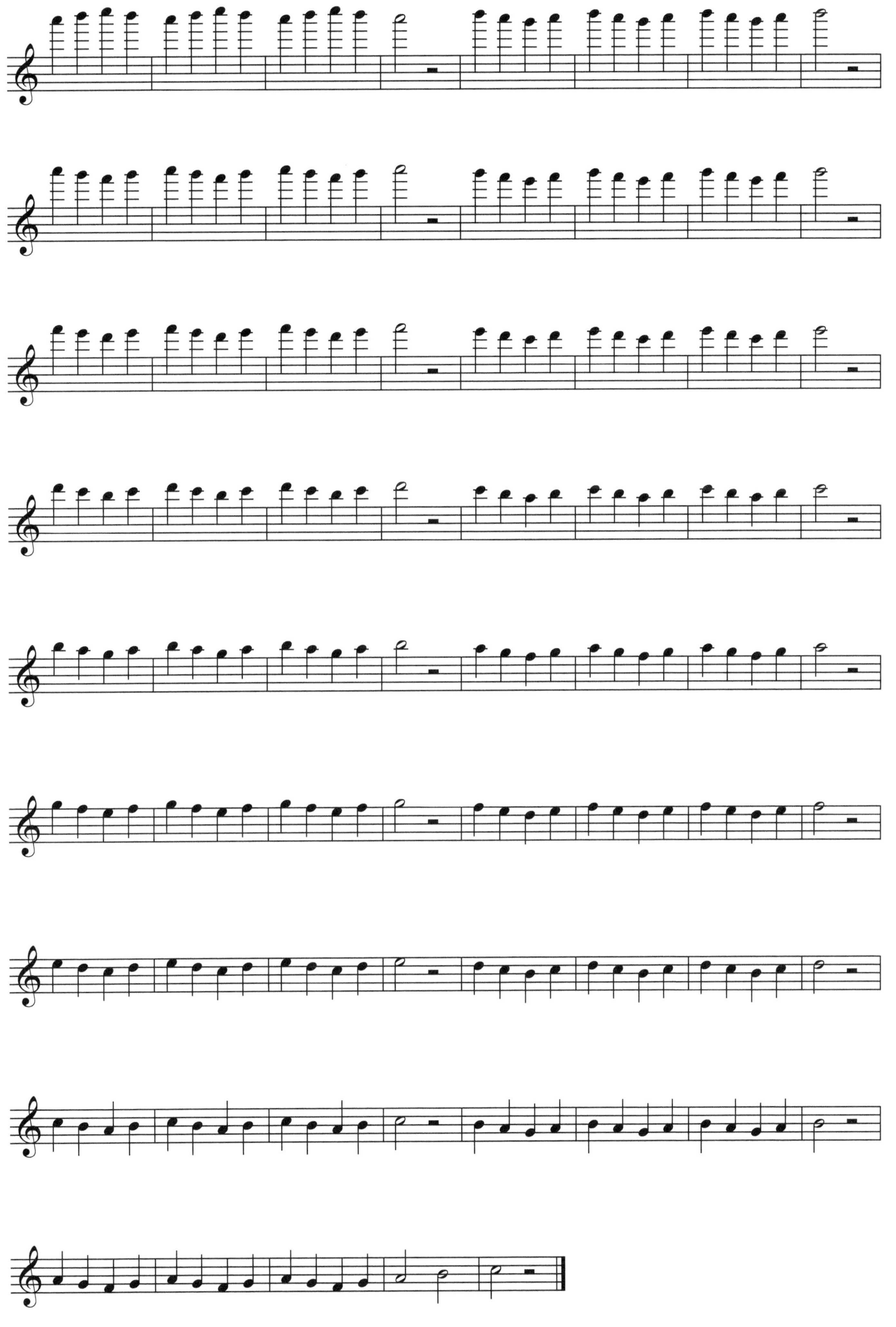

Es. 2

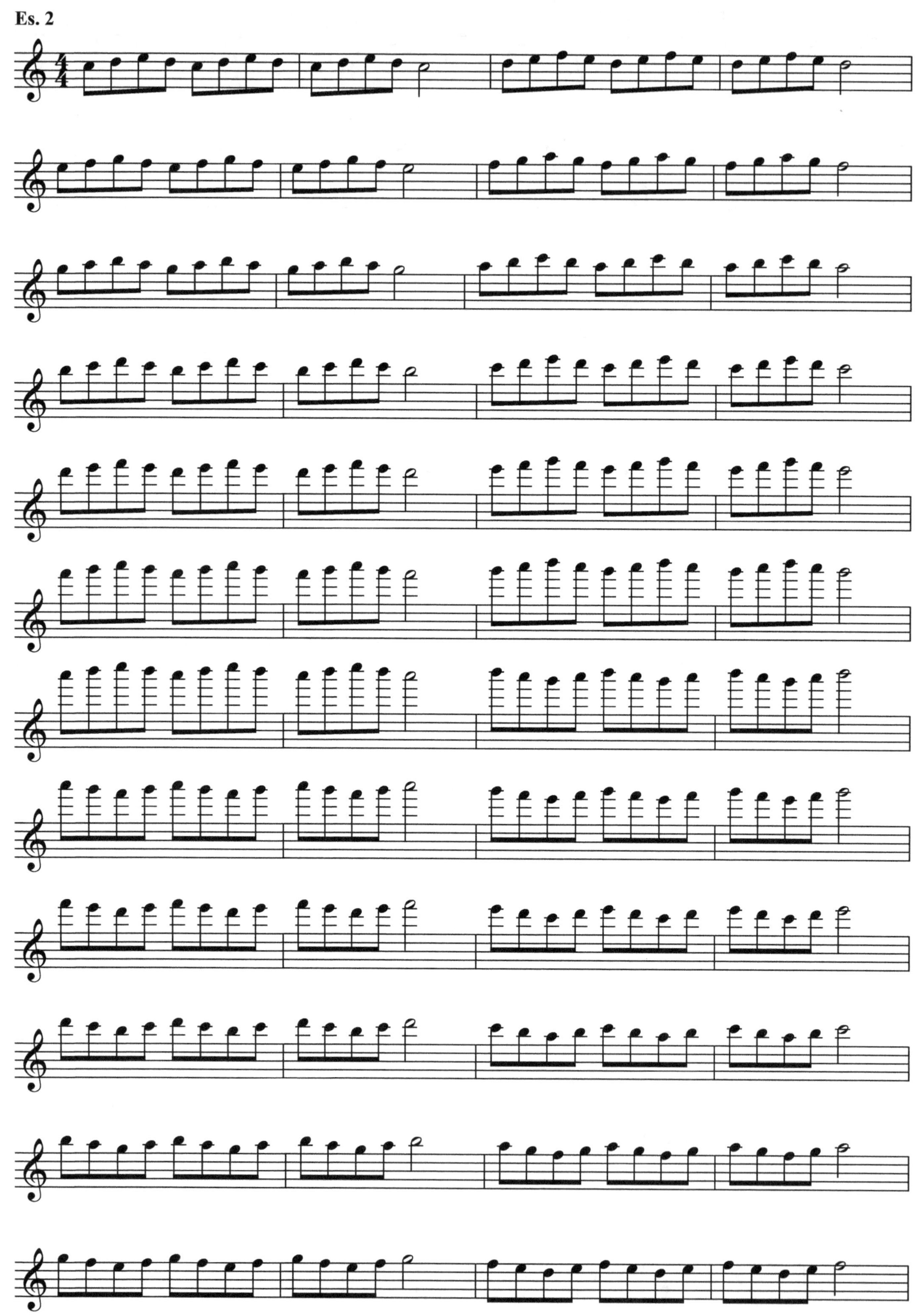

Es. 3

Fa

Es. 1

Es. 2

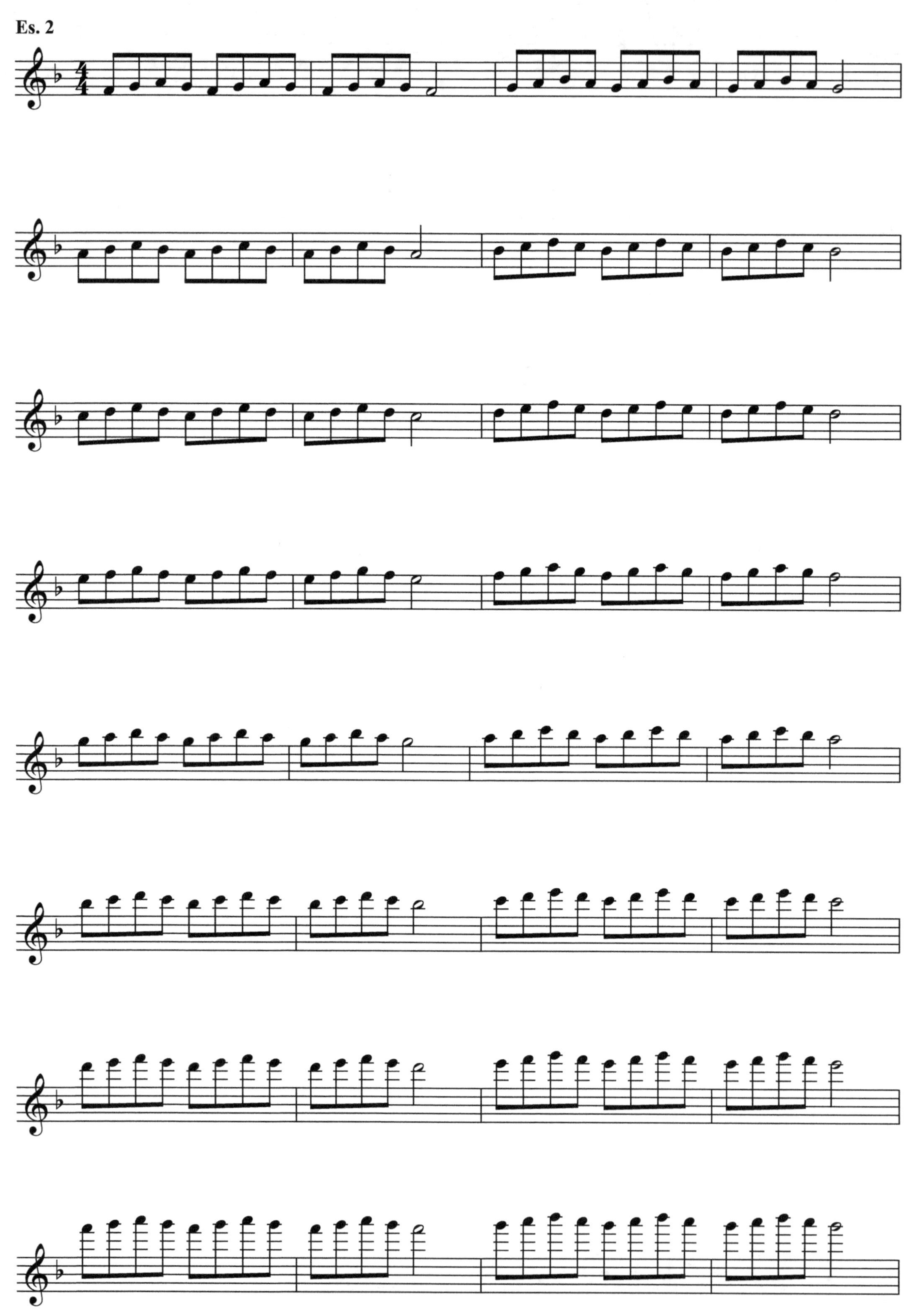

Es. 3

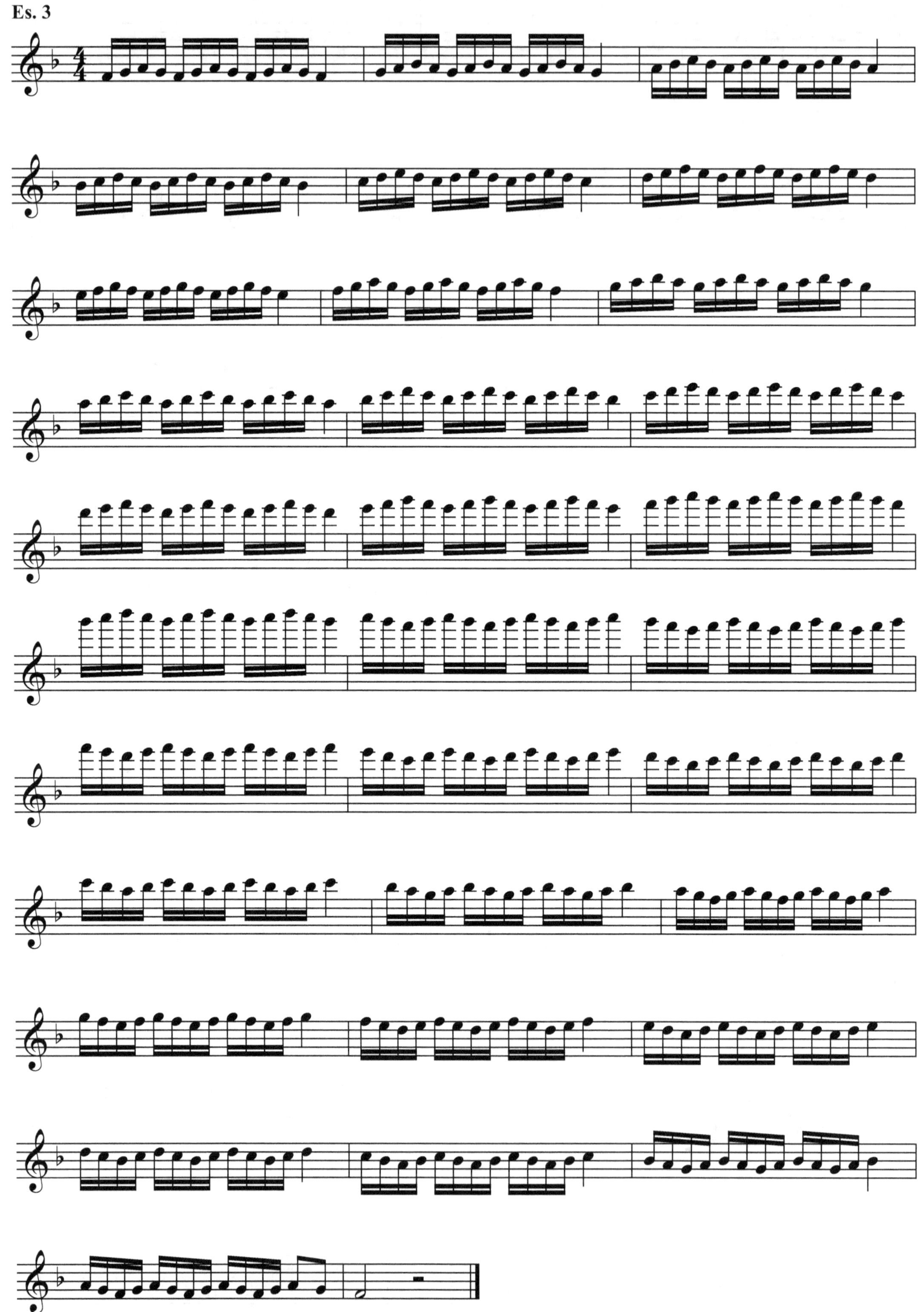

Sol

Es. 1

64
Es. 2

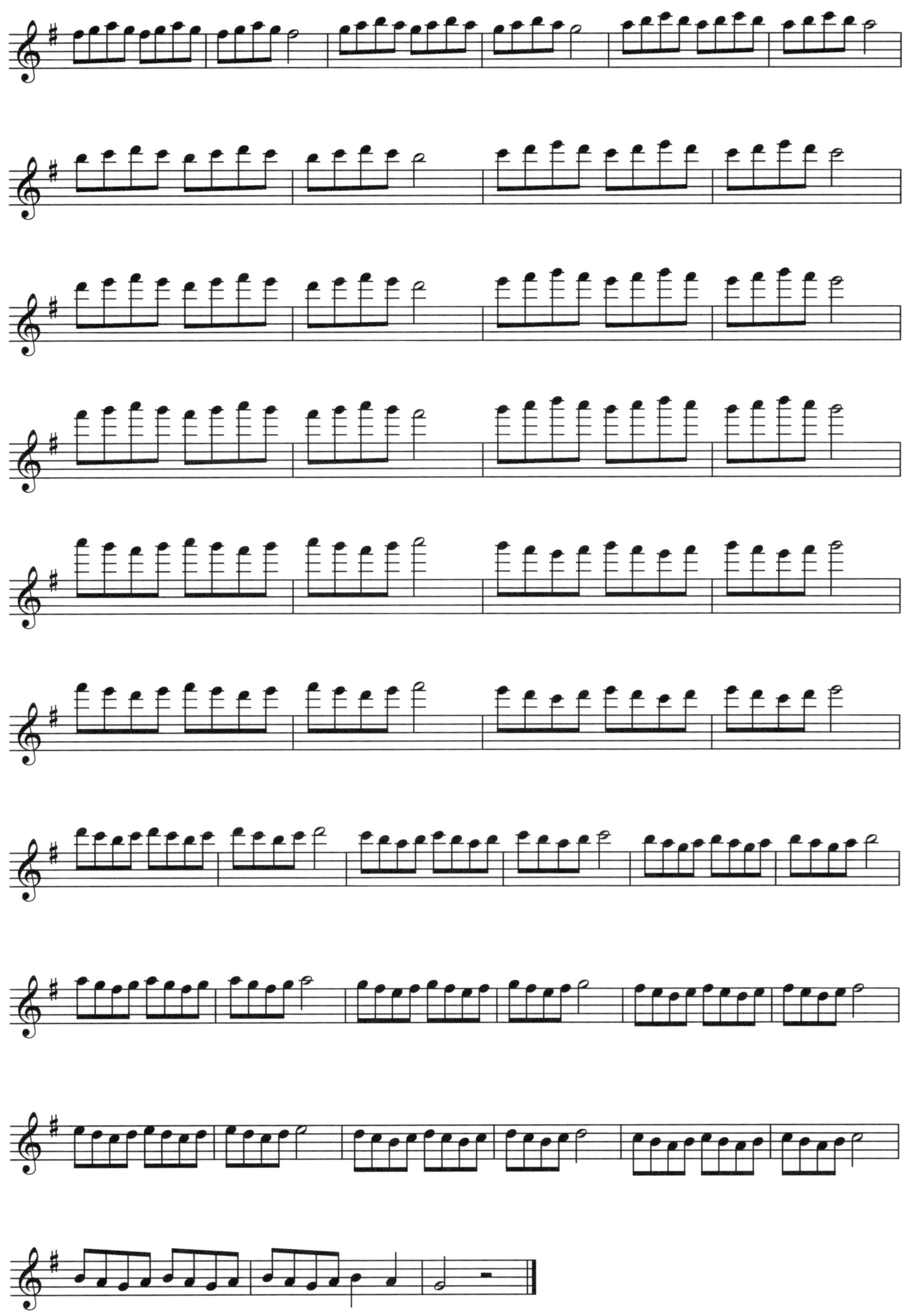

Es. 3

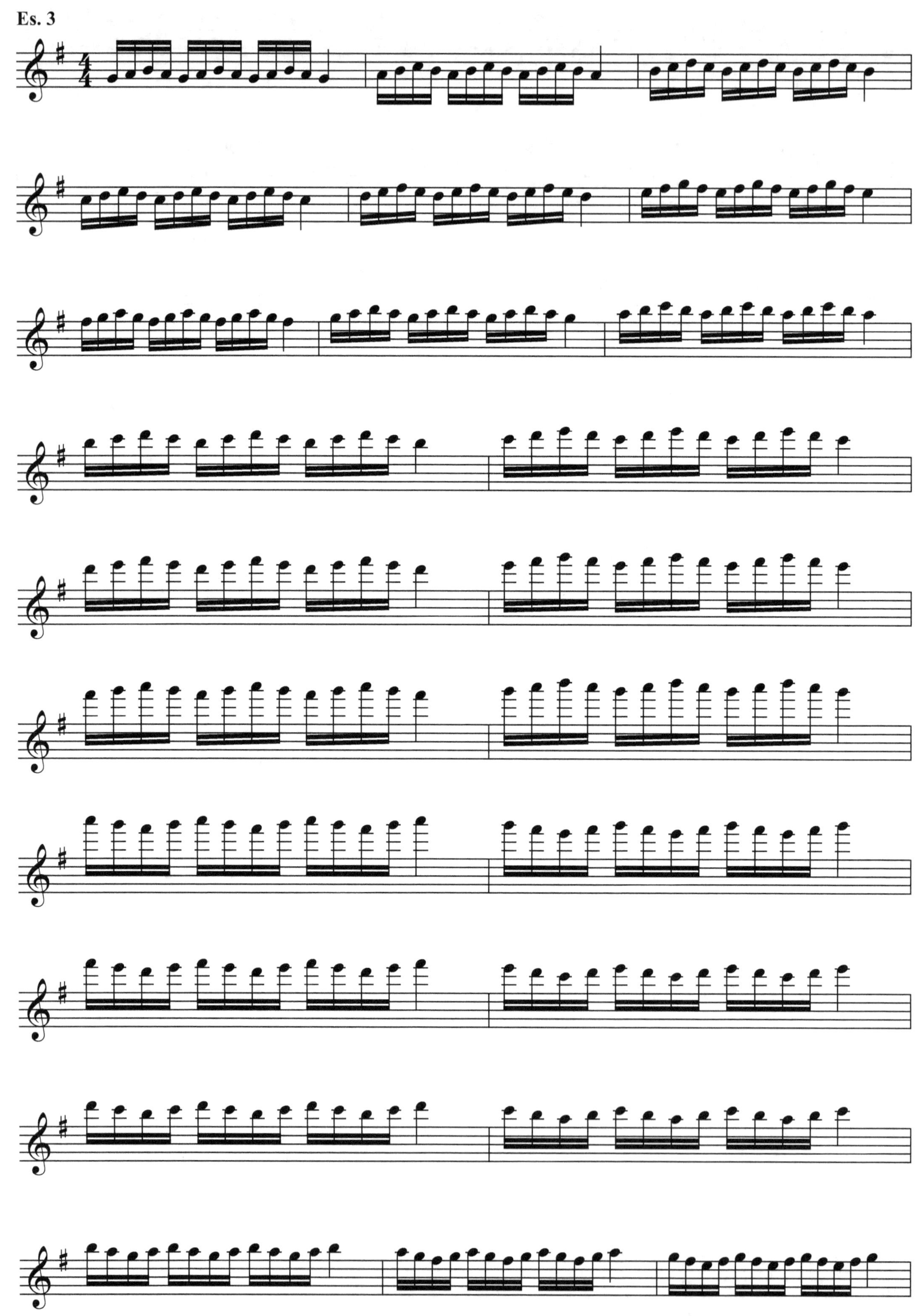

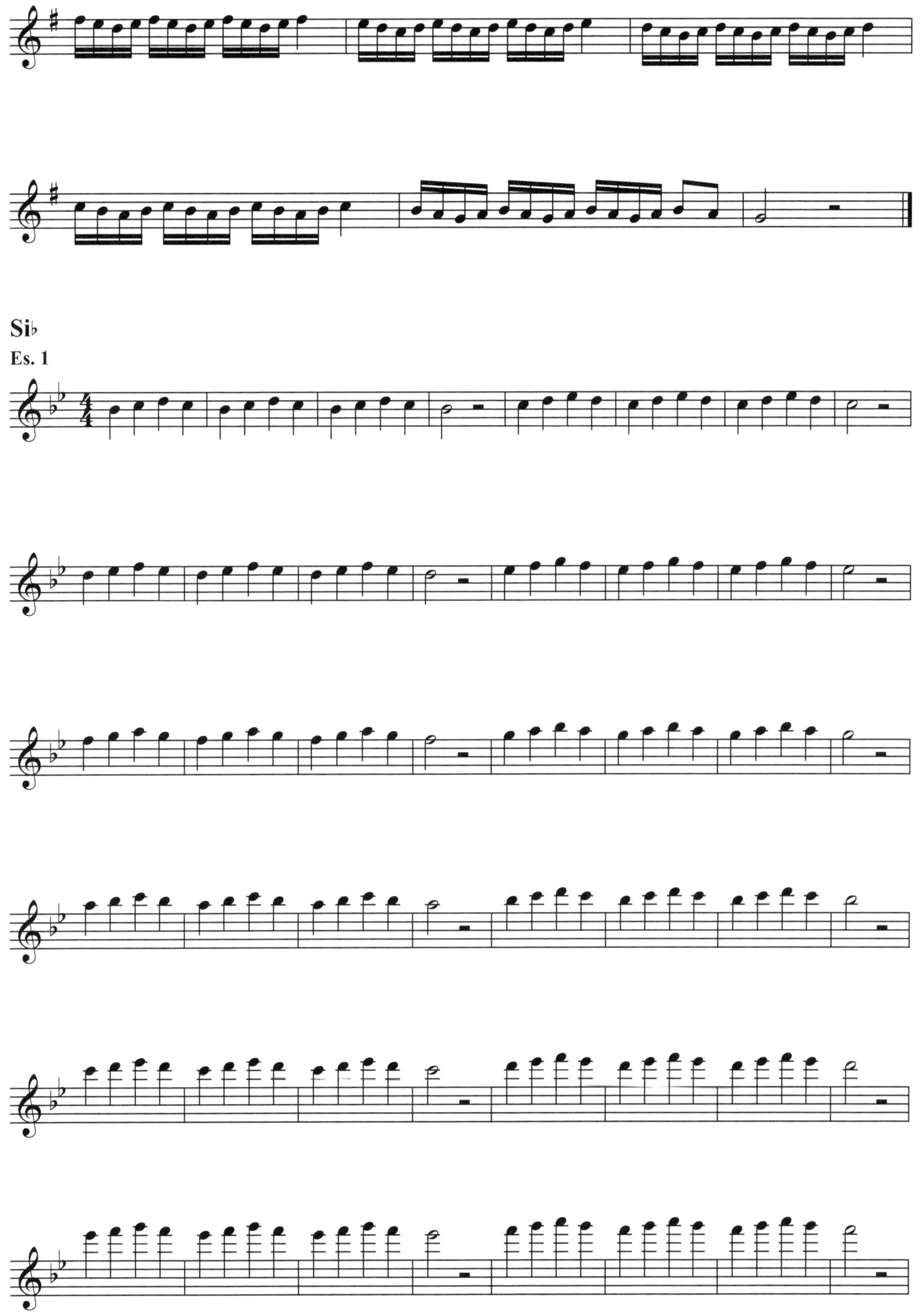
Si♭
Es. 1
4/4

Es. 2

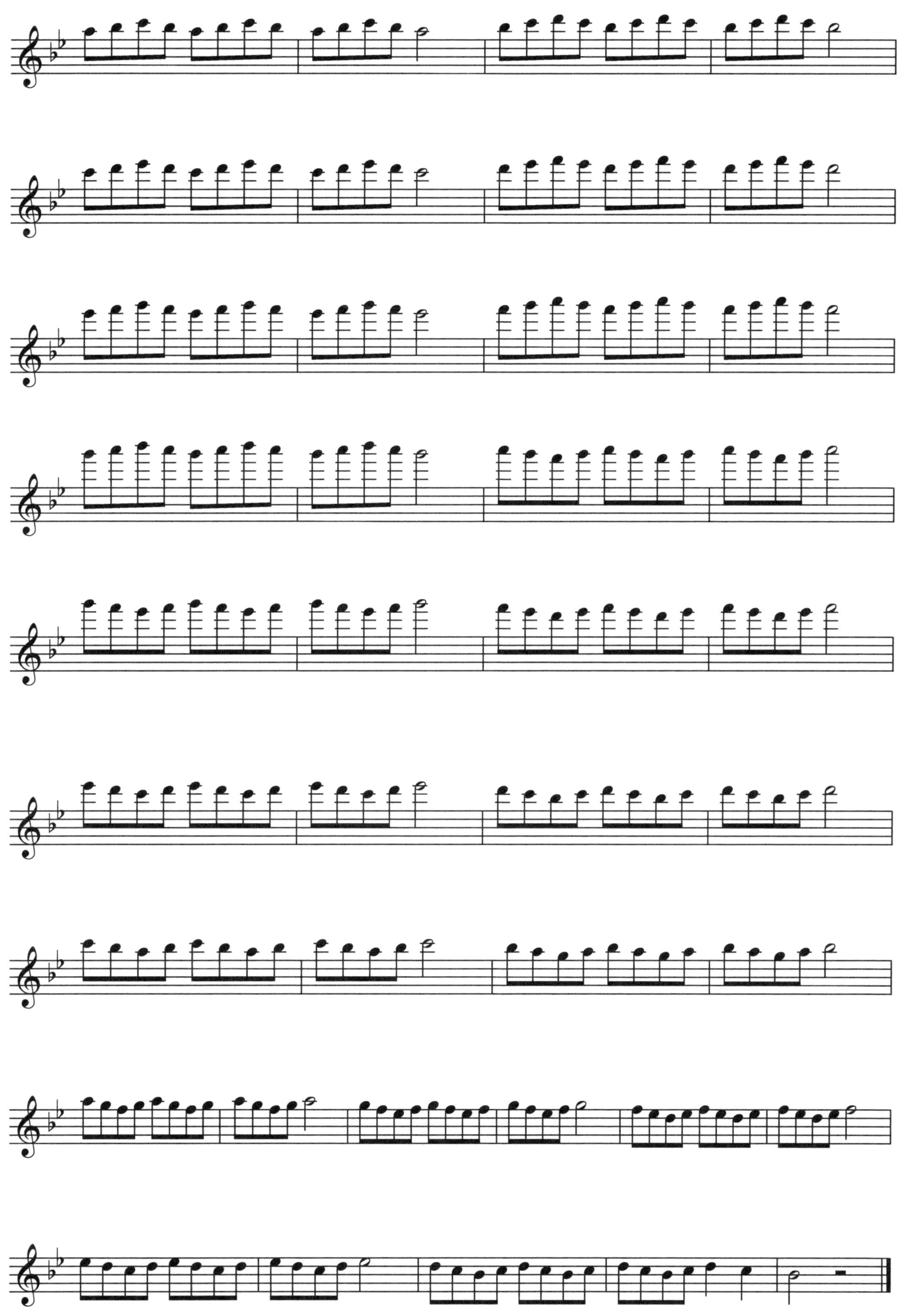

Es. 3

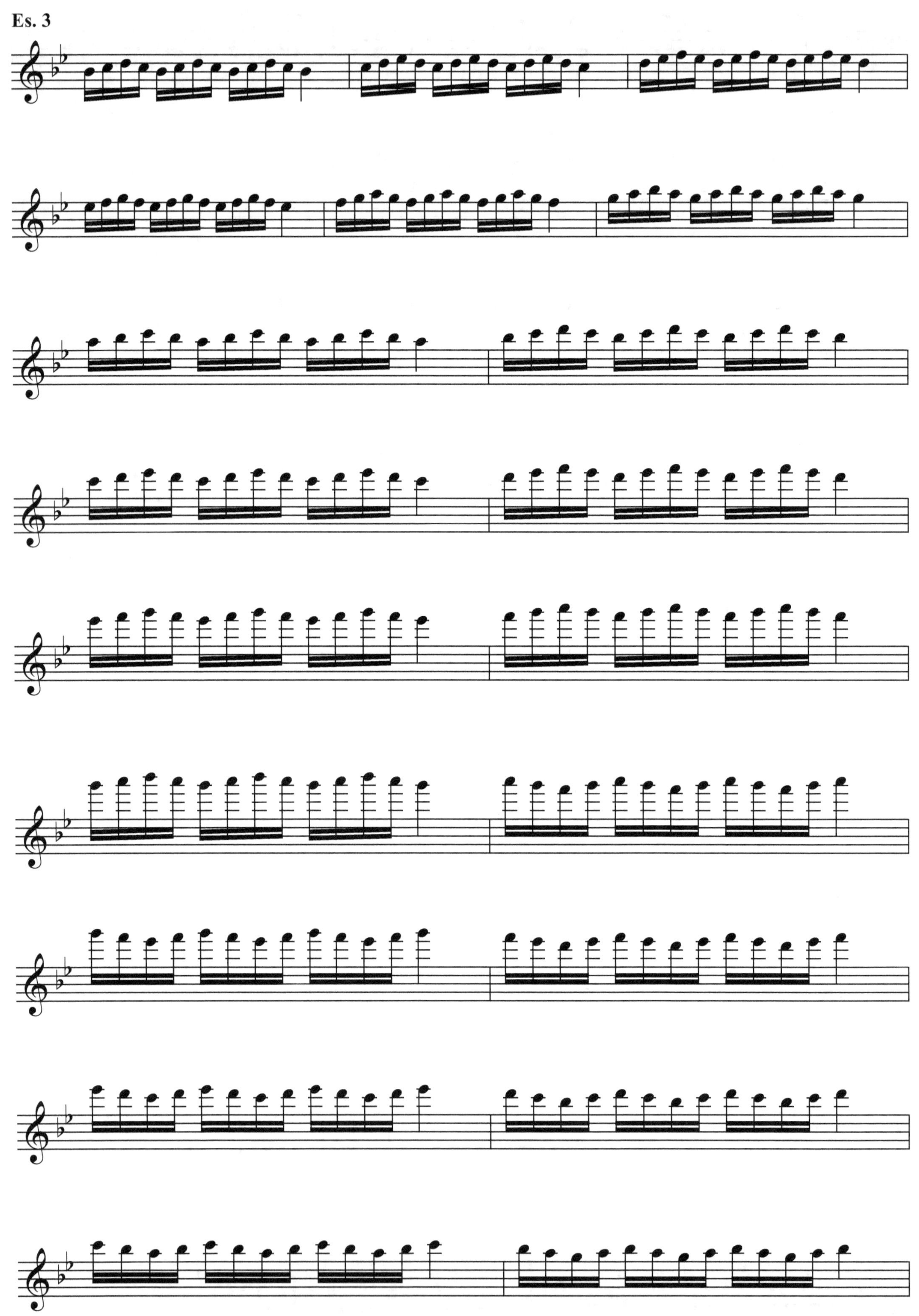

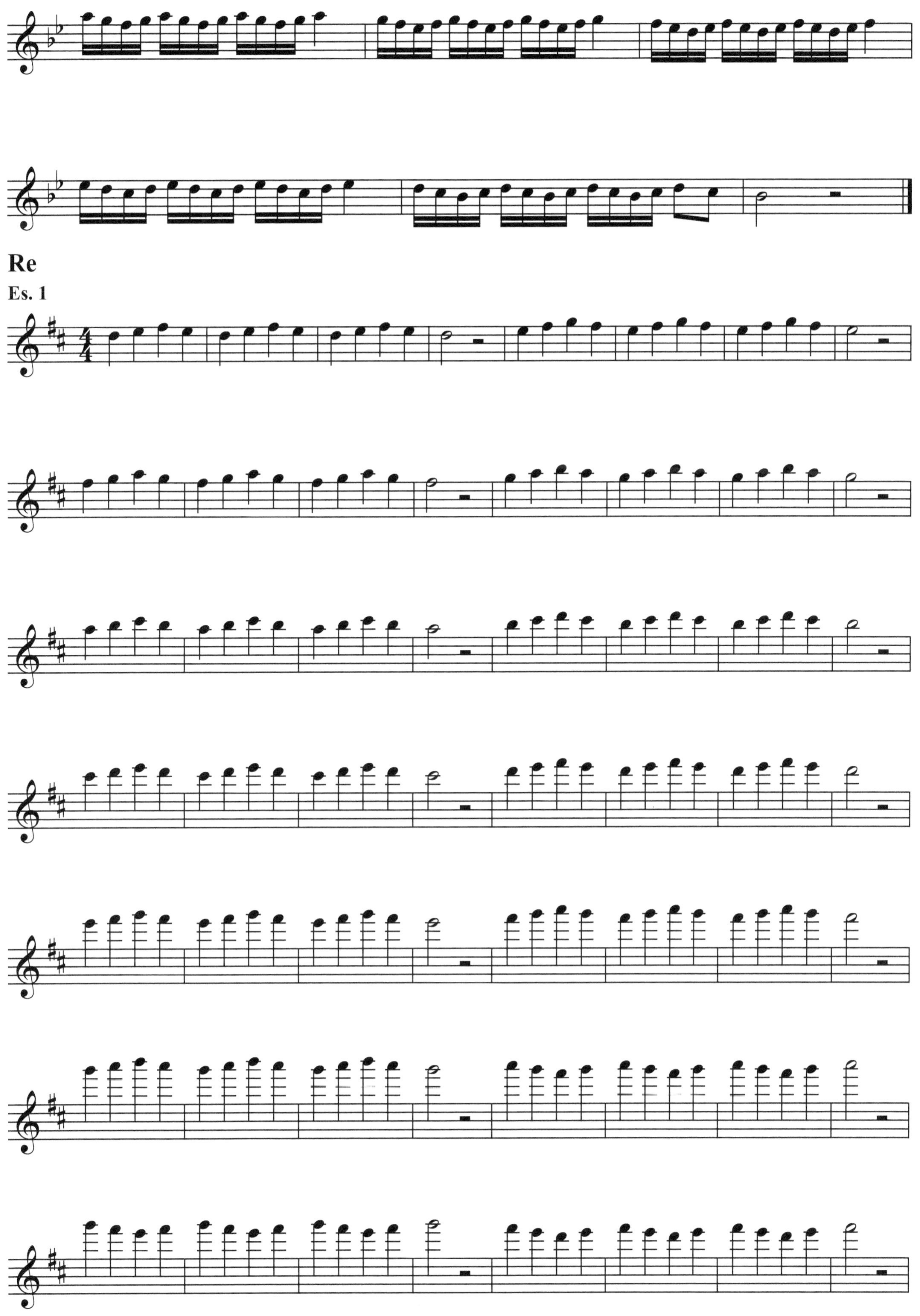

Re

**Es. 1

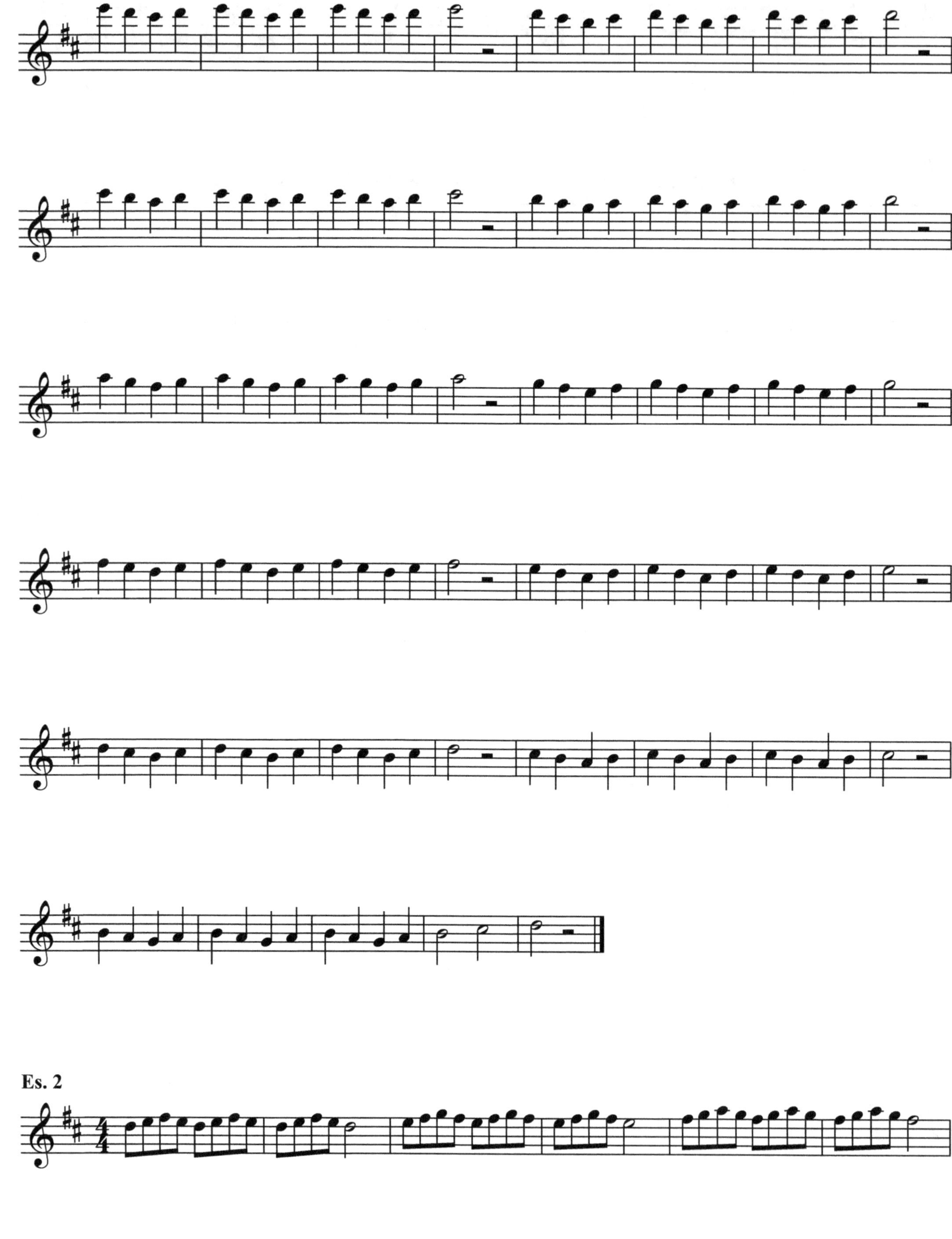

72
Es. 2

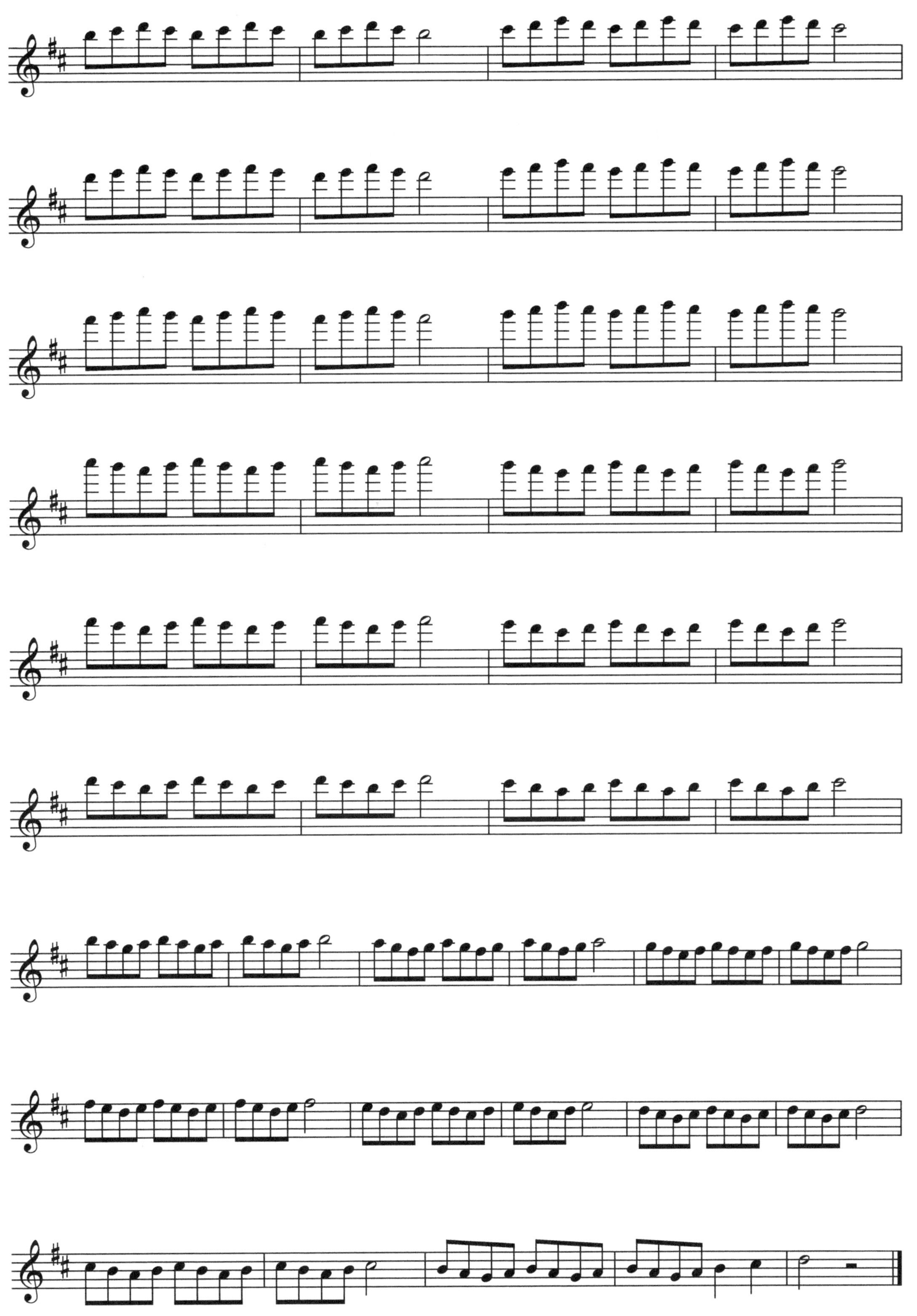

Es. 3

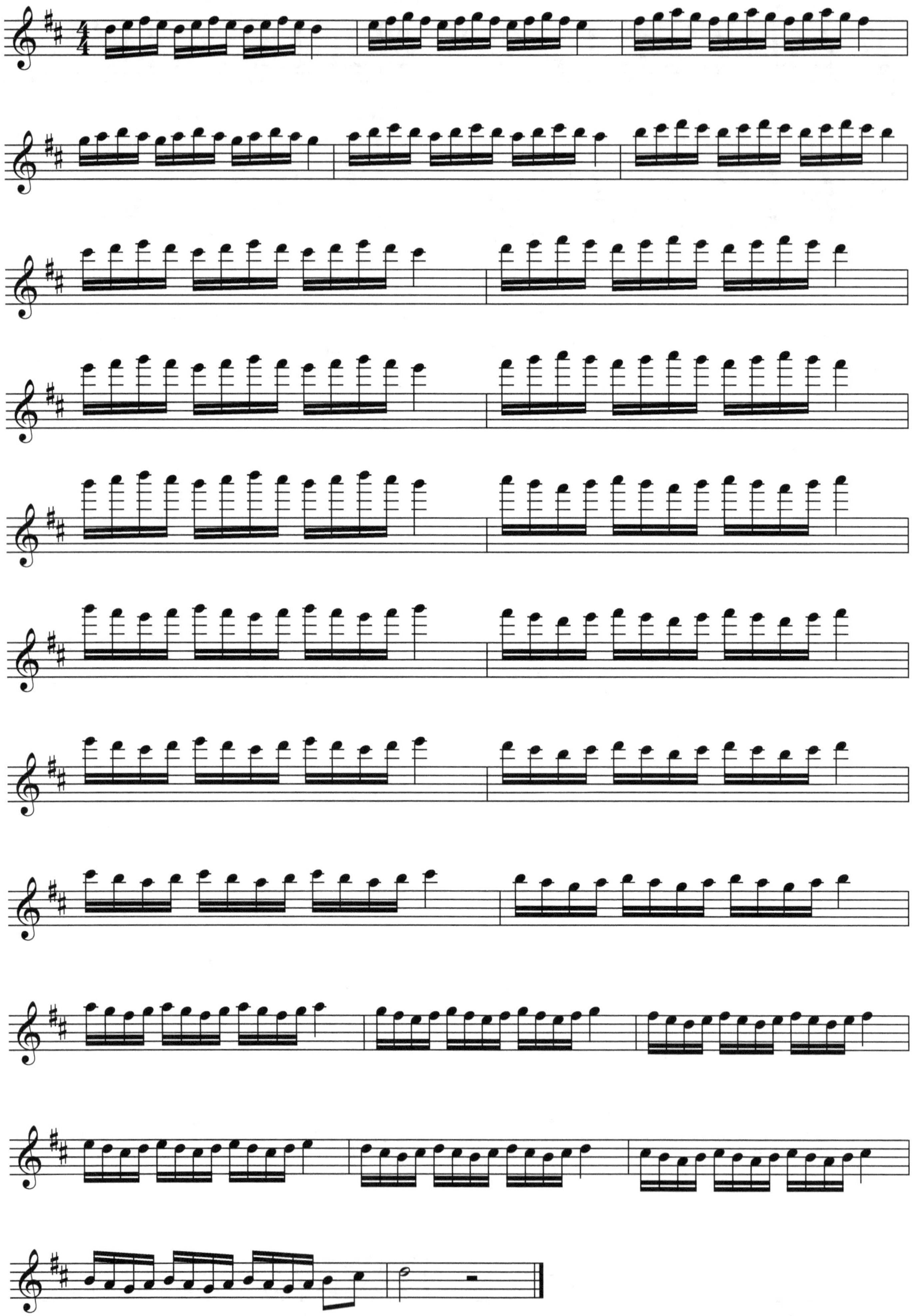

Mi♭

Es. 1

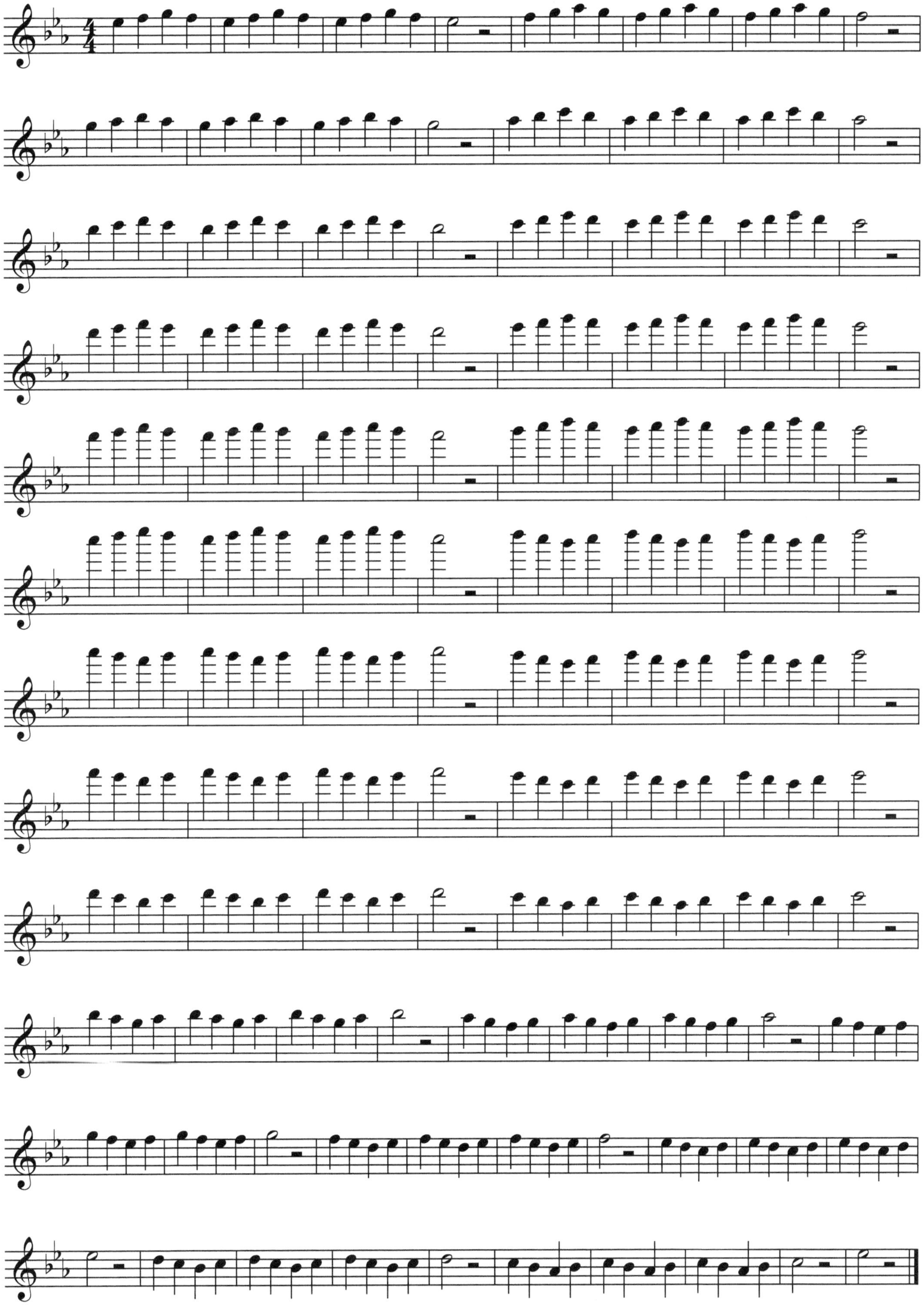

Es. 2

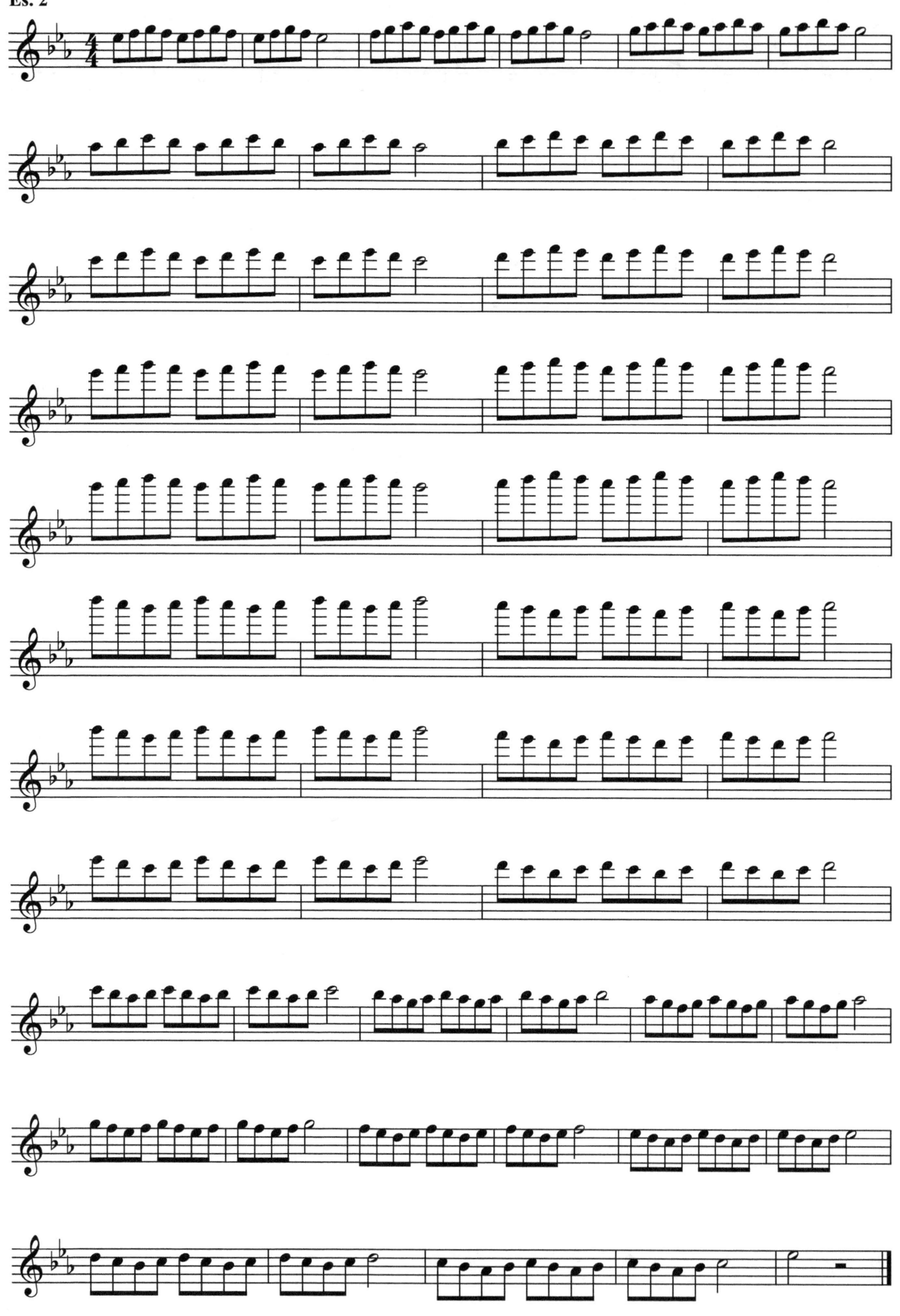

Es. 3

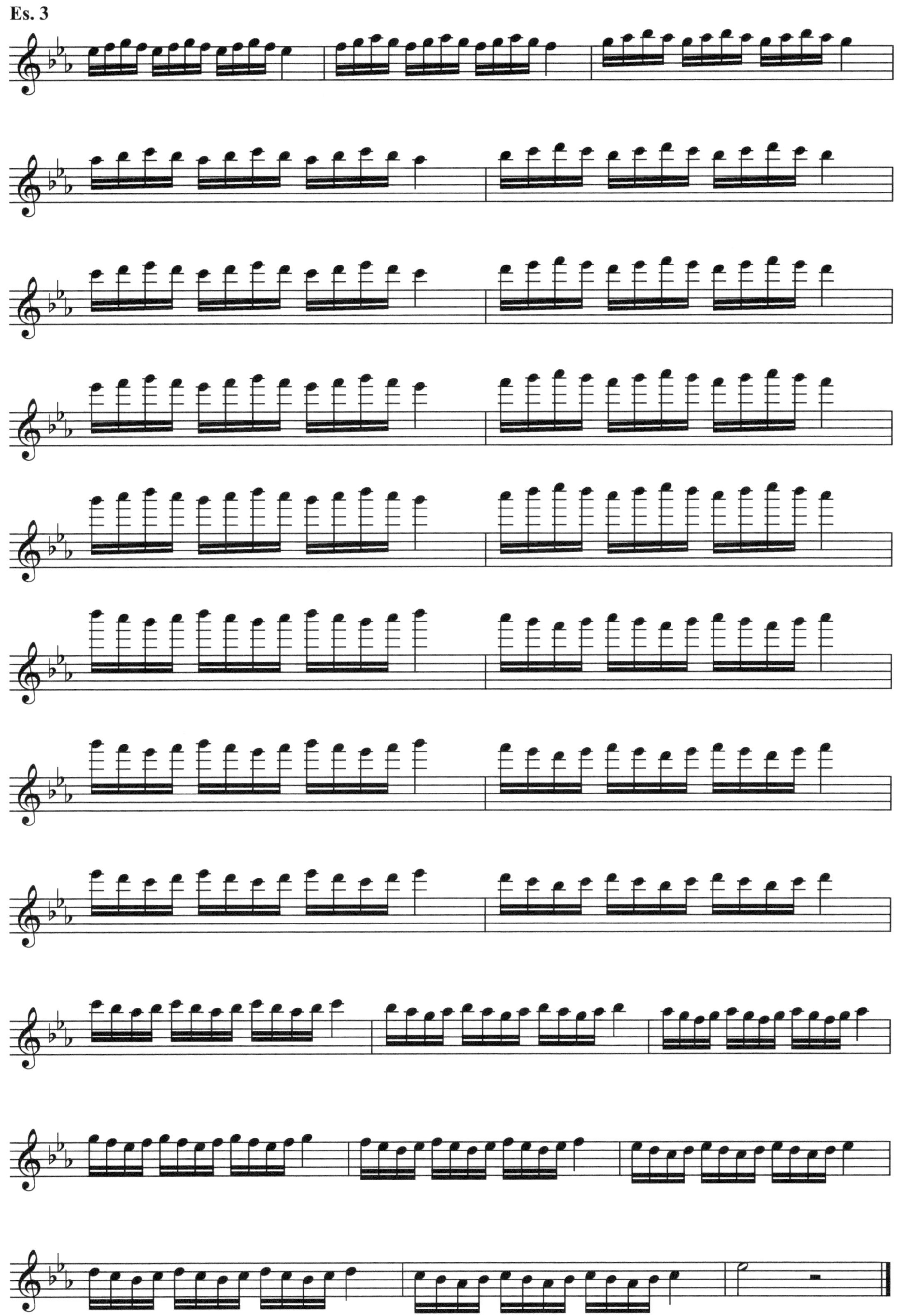

La

Es. 1

Es. 2

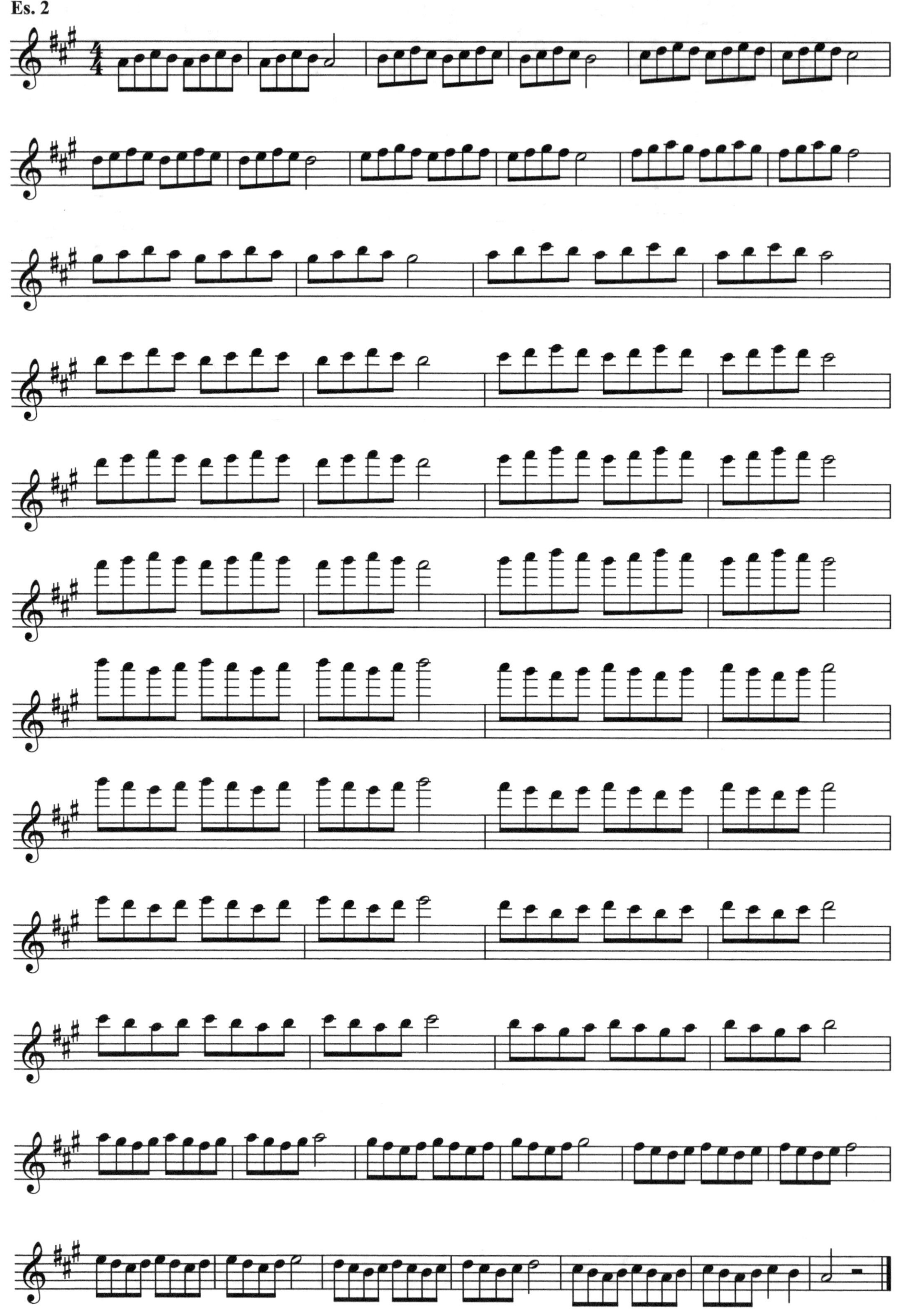

Es. 3

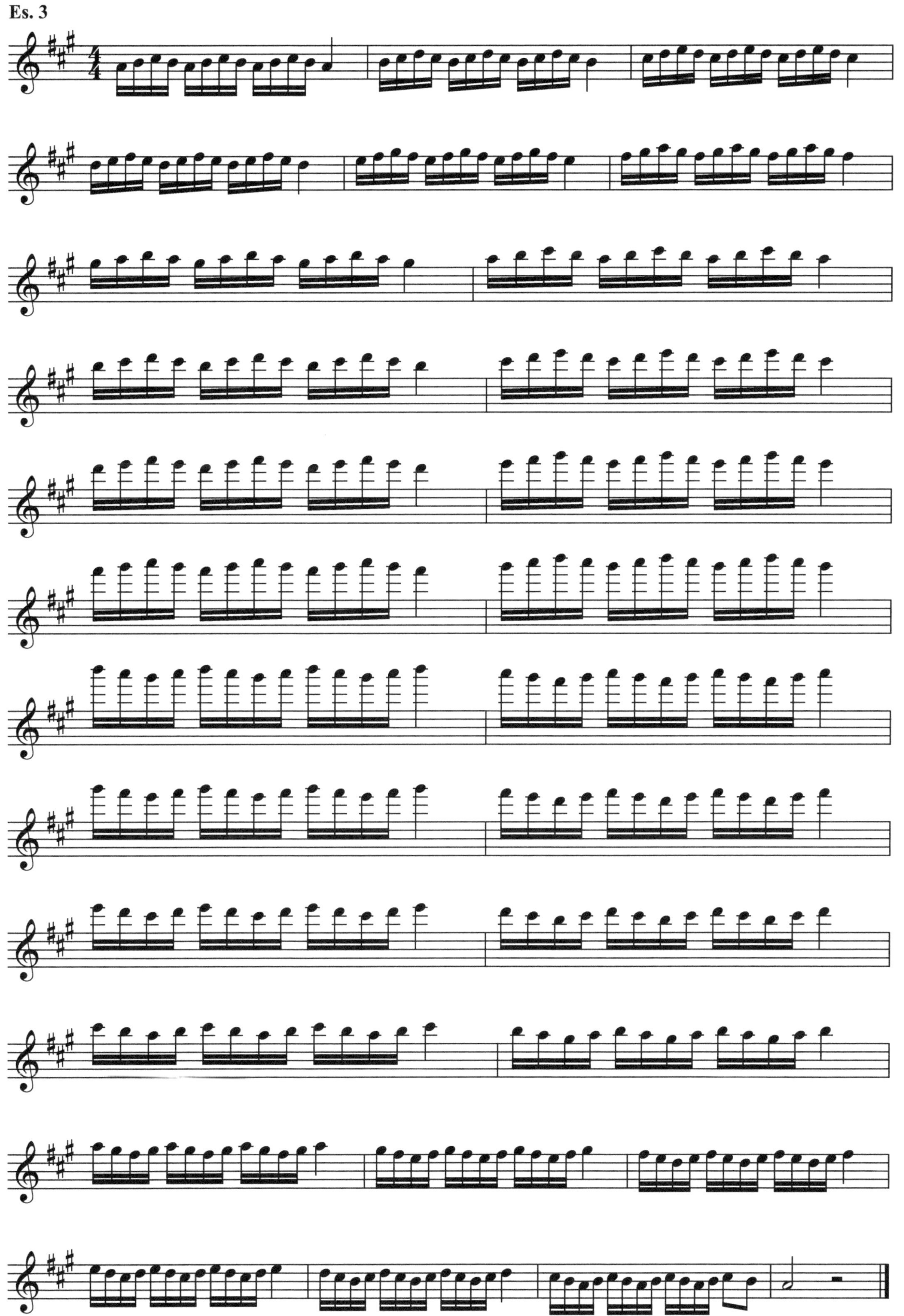

Finito di stampare nel mese di Aprile 2014
per conto di Youcanprint *Self- Publishing*